LES MAMANS TESTENT

De la grossesse à la naissance

par MARIE PERARNAU

ILLUSTRATIONS : **CHLOÉ PERARNAU**
PHOTOS : **MICHEL AZOUS**

CHÊNE

sommaire

On y est...

INTRODUCTION

On n'achète pas un livre sur la grossesse et la naissance juste *« comme ça pour voir ce qu'il vaut »*. Non. On l'achète ou mieux, on se le fait offrir (notre petit côté radin) parce qu'on est enceinte, parce qu'on va avoir un enfant, ou parce qu'on y songe de plus en plus. On le feuillette (discrètement) en essayant de voir s'il pourrait nous accompagner pendant les neuf longs mois qui vont suivre.
Je préfère vous prévenir tout de suite, ce livre n'est pas un guide de grossesse dans lequel vous trouverez un schéma censé représenter votre bébé à 24 semaines de grossesse, ni un listing de choses à faire et à ne pas faire lorsqu'on est enceinte, ni même un dictionnaire médical angoissant. Ce guide de grossesse et de naissance, je l'ai voulu décalé parce qu'il existe tellement d'ouvrages sérieux sur le sujet que vous n'aurez pas besoin de moi pour le côté « médicalo-psycho-stress » de la grossesse.
D'ailleurs, si j'avais voulu rédiger un véritable guide pratique, croyez-moi, il aurait fait huit cents pages et dix-huit kilos, ce qui n'aurait pas été très pratique pour le lire aux heures de pointe dans les transports… Je me suis donc contentée de ce que vous ne pourrez pas lire ailleurs (en toute modestie, bien entendu !) à savoir : de la vraie grossesse, du vécu, des astuces de véritables mamans récidivistes, de la description réelle de ce qui vous attend, sans chichis, sans encarts rouges pour vous indiquer ce qui est « interdit-pas-bien-pensez-à-votre-bébé-voyons ».

Ici, il y aura des angoisses, des crises de fous rires, des questions existentielles (dois-je prendre du naissance ou du 1 mois pour les bodys de maternité ?), des réflexions hautement intellectuelles (poussette trois ou quatre roues ?) et des envies de siestes, de sushis et de trucider Belle-Maman.

Il y aura des vergetures et des mouvements de bébé qu'on ne sent pas du tout à 16 semaines de grossesse (et c'est normal), des idées géniales pour cacher votre grossesse à Mémé la Voisine qui veut ab-so-lu-ment vous tricoter un petit gilet en poils de biquette famélique qui gratte et des explications claires quant aux achats à faire pour votre futur(e) Nanonain(e).

Il y aura aussi des suggestions quant aux prénoms à éviter (surtout si vous pensiez à Kimberley ou à Eusèbe) et des réponses « dans tes dents » à faire à Belle-Maman en toute occasion.

Il y aura surtout des conseils et des mots rassurants, des phrases qui n'ont pas peur de dire que ça va être dur, douloureux mais totalement merveilleux ! Avoir un enfant, ce sont à la fois des instants que vous allez détester et un bébé que vous aurez envie de bazarder mais aussi un petit que vous aurez envie et besoin de serrer bien fort parce que vous n'avez jamais rien connu de si beau, parce que vous n'aurez jamais aimé aussi fort.

Voilà, ce livre de grossesse c'est un peu de moi, c'est un peu de nous toutes et de nous tous, le récit d'une aventure unique mais jalonnée de petits panneaux « Moi aussi » et de petits mots « Faites comme vous pouvez ». Parce que l'essentiel pendant ces neuf mois, pendant cette année « bébé », c'est de prendre soin de vous, de rire et de vous dire que vous n'êtes pas obligée d'être parfaite.

Que votre grossesse, c'est déjà une partie de l'histoire qui vous lie à votre enfant, mais ce n'est pas une raison suffisante pour que ce soit toujours extraordinaire ou extatique.

Si vous arrivez à faire de ces neuf mois un joli souvenir, c'est déjà pas mal. Surtout si vous pensez recommencer un jour !

Ce livre a été découpé en quelques chapitres afin de faciliter votre lecture. Puisque la femme enceinte est généralement peu perspicace, j'ai choisi de suivre au plus près le déroulement de la grossesse : on parlera symptômes et test de grossesse, suivi médical et ventre de baleine avant de s'intéresser à la préparation à l'accouchement, au matériel à acheter pour le futur pourrisseur de nuits et à l'accouchement à proprement parler ainsi qu'au séjour à la maternité.

Nous tenterons ensuite de vous rassurer sur les premiers mois de Nanonain(e), histoire de ne pas vous laisser seule rentrer chez vous...

Voilà
Dommage c'est fini!
BEBINOU CHÉRI
DR GYGY
TRIMESTRE 1
Kimberley
ou
Eusèbe ?

Les personnages

Pour vous accompagner dans cette aventure mirifique et prodigieuse qu'est la grossesse, voici quelques personnages essentiels :

Maman : peut être Primi(pare) enceinte de son premier nain ou Multi(pare) récidiviste. Selon son statut, elle est donc seule avec son Mâle en train de vivre ses derniers mois de célibataire, ou bien en famille avec des aînés qui ne vont pas tarder à faire savoir qu'ils apprécient (ou pas) le nouveau locataire du ventre de leur mère.

Papa : appelons-le « Le Mâle ». Charmant, heureux et fier de son rôle de Papa, il reste néanmoins légèrement circonspect face à vos sautes d'humeur et à votre tendance à pleurer devant la publicité pour le lait maternisé premier âge.

Les aînés : parce que vous n'en êtes pas forcément à votre premier nain (maboule, va !), les aînés seront présents tout au long de ces neuf mois. Il y a du Grand Nain, du Moyen Nain, de la Micronaine, qui n'oublieront pas de vous rappeler à leur bon souvenir grâce à de petites astuces bien rodées (et légèrement pénibles pour le parent).

Nanonain(e) : mais ouiiiiiiii, c'est lui (ou elle) ! Votre tout-petit, votre bébinou, votre roudoudou, votre bibou. Vous êtes autorisée à l'affubler d'un surnom ridicule pendant neuf mois. Allez, faites-vous plaisir ! Si on n'a pas le droit à la niaiserie enceinte... quand le peut-on ?

Et autour de vous, gravitent des personnages secondaires que vous reconnaîtrez facilement. De **Belle-Maman** qui décide de vous asticoter en permanence sur tous vos thèmes préférés (choix du prénom, prise de poids, forme du ventre) à **votre meilleure amie Nulli** qui ne compte pas être enceinte (en tout cas pas maintenant vu votre mine de déterrée), en passant par votre coach médical, qu'il soit **Docteur Gygy** et/ou **Super Sage-Femme**, c'est tout un monde qui vit au rythme de ce qui se passe en vous.

Maman

Papa

Les aînés

Nanonain(e)

Belle-Maman

Nulli

Docteur Gygy

Super Sage-Femme

J'ai envie de fonder une petite famille...

On s'y met?

essais bébé et premiers mois

Êtes-vous prête à entrer en mode «baleine» ?

autant vous prévenir...

Ceci est un prologue à la grossesse, un aperçu de tout ce qui va vous manquer, vous énerver, vous agacer : un petit récapitulatif de ce que vous n'aurez pas ou plus le droit de faire. Avant d'arrêter votre pilule, avant de jeter vos derniers préservatifs, mieux vaut bien lire ces quelques lignes.

La liste de mes envies

Ces neuf mois de grossesse vont être géniaux (si, si...), mais ils méritent une petite préparation mentale et physique. Pour vous y aider, voici quelques exercices à réaliser avant de passer à l'étape « essais bébé ». Pour plus d'efficacité, nous vous suggérons de les poursuivre aussi longtemps que possible afin de tenir le coup pendant les neuf mois qui vont suivre.

Exercice 1 : buvez quelques verres de vin, quelques coupes de champagne, quelques pintes de bière. Ce qui vous évitera bientôt de renifler d'un air assoiffé et légèrement agressif le contenu des verres de vos invités lors de prochaines soirées entre amis.

Exercice 2 : lisez quelques bons livres, quelques polars sanglants ou quelques romans intelligents. Dès que vous allez être enceinte, vous allez irrésistiblement vous diriger vers des ouvrages comportant les mots « neuf mois », « grossesse », « bébé », « naissance », « parents ». D'ailleurs, que tenez-vous entre les mains ?

Exercice 3 : si vous aimez les sensations fortes, les parcs d'attractions et les manèges flippants, allez vous faire rapidement un super grand huit géant de la mort. D'ici peu de temps, vous serez cantonnée au rôle de « potiche-qui-tient-les-sacs-à-main » au pied des manèges.

Exercice 4 : marchez, courez, sautez, roulez sur vous-même dans le lit, mettez-vous sur le ventre, sur le dos, sur le côté, faites des roulades. Visualisez ensuite un tonneau et imaginez tout ce que LUI ne peut pas faire. Voilà, tout est dit.

Exercice 5 : mangez un steak tartare, des sushis, du foie gras et des huîtres. Croquez de la salade terreuse à pleines dents et embrassez un chaton sur la bouche. Faites-vous des tartines de maroilles et croquez du poulpe cru. Bientôt, vous ne pourrez plus.

Exercice 6 : prenez votre corps en photo (et votre tête aussi). Votre ventre sans vergetures, vos cuisses finalement assez fuselées, vos cheveux ni trop gras, ni trop secs, votre visage sans acné, votre menton qui n'a pas l'air double si vous tendez un peu le cou. Ah, n'oubliez pas vos yeux, sans cernes. C'est juste pour avoir des preuves de votre vous d'avant.

Exercice 7 : portez des choses lourdes. Très lourdes. Bousillez-vous le dos. Allez-y, profitez-en, personne ne bondira sur vous en vous hurlant « Non mais laiiiiiiiiiiiiiiiisse, tu es folle ou quoi ? Tu es enceinte, tu NEPORTEUPAS (en un mot, tout à fait) ! »

Exercice 8 : faites l'amour. Dessus, dessous, dans la douche, sur le canapé, en position du lotus, de l'arbre, de la truite afghane. Tout ce que vous voulez. Puis imaginez un tonneau (encore). Et tout ce que vous ne pourrez plus faire lorsque vous lui ressemblerez.

Exercice 9 : soyez gentille, d'humeur égale, riez aux éclats et refoulez quelques larmes d'agacement devant le Mâle qui vous contrarie. Tant que vous pouvez contrôler un peu vos émotions, faites-le. C'est bientôt terminé.

Exercice 10 : n'oubliez pas de dormir d'une traite, sans vous relever trente fois pour un pipi, une crampe, un bruit dehors qui vous a fait peur ou une angoisse soudaine de ne pas être à la hauteur de ce qui vous attend.

MOI, SI J'ETAIS VOUS...

Être enceinte n'est pas une maladie, Belle-Maman vous l'a assez dit. MAIS, il va vous falloir procéder à quelques ajustements physiques et alimentaires, sans parler de votre humeur (de putois agressif – dixit le Mâle) qui va légèrement varier, rapport aux hormones et aux bouleversements que ce nouvel état va engendrer en vous. Prenez conscience de tout ce qui va changer afin d'être prêts (oui, oui, tous les deux !) pour les neuf mois qui vont suivre. Neuf mois c'est presque un an. Alors resservez-vous un peu de maroilles, voulez-vous ?

Les essais bébé

Un jour, vous en avez eu assez des grasses matinées, des voyages en amoureux, des sushis-parties et des dîners alcoolisés entre amis. Un matin, vous vous êtes levée avec une envie de bébé et vous en avez parlé à votre cher Mâle (à moins que ça ne soit le contraire).

Avant de s'y mettre…

Cela fait six mois/un an/trois ans/ sept ans (rayez la mention inutile) que vous vivez à deux et il vous semble désormais nécessaire d'être trois. Envie de cajoler, envie de transmettre mille choses, envie de fonder une famille et de pouvoir dire « je vous présente le Nain, mon fils chéri ».

Ou bien, vous êtes déjà parents et légèrement maboules et vous souhaitez réitérer l'expérience de la maternité, des nuits hachées menu et des couches atomico-explosives (foutus pour foutus…).

Quoi qu'il en soit, vous avez envie d'un petit bébé, d'un nouveau bébé, d'une toute petite chose qui tiendrait presque dans votre main et qui viendra se nicher dans votre cou. Vous avez envie de le cajoler, de lui faire des bisous sur le ventre et de conduire une poussette design en parlant d'un air niais à son petit passager.

Ça, c'est le côté mignon de la chose. Mais avant de tenir dans vos mains le bâtonnet imprégné de pipi qui vous annoncera la bonne nouvelle, il vous faudra passer par la case « essais bébé ».

Si cette phase peut être glamour et plutôt coquine dans un premier temps, elle peut s'avérer longue, fastidieuse et légèrement chronophage, obnubilante et parfois angoissante.

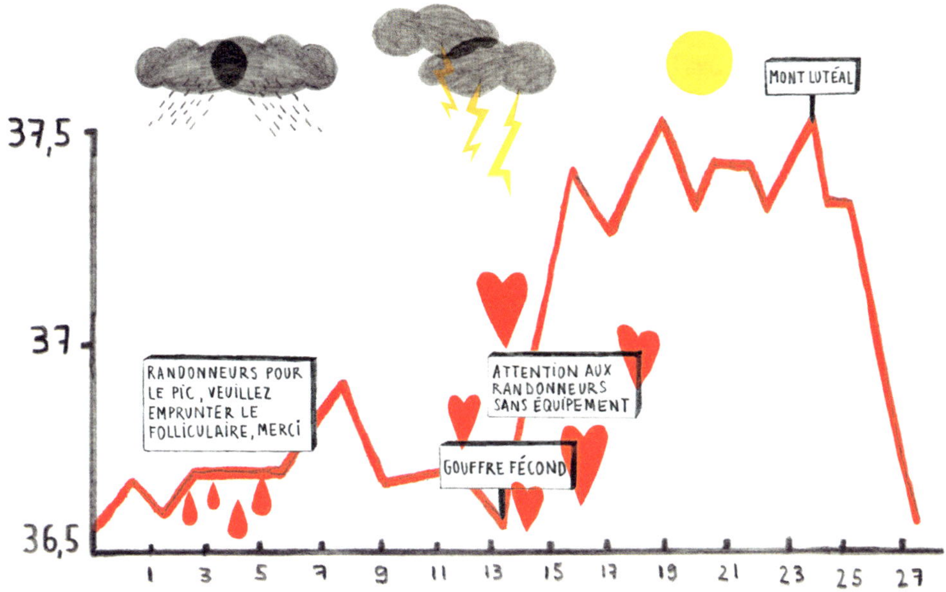

Étape 1 : Convaincre le Mâle

C'est étrangement souvent le futur père qui est un peu moins pressé de faire un bébé. Évidemment, vous avez peut-être auprès de vous un spécimen qui vous tanne depuis des mois pour rentrer en période d'essais bébé mais, majoritairement, c'est plutôt l'inverse qui se produit. D'ailleurs si vous avez la chance d'avoir un tel mâle, profitez-en et utilisez-le autant que possible !

Pour celles qui sont pourvues d'un « boulet rechigneur », ce n'est pas le moment d'aller dîner chez votre amie Multi pourvue de trois nains hystériques, ni d'aller chez votre couple d'amis Primi et Chouchou qui viennent d'avoir des jumeaux et qui dorment deux heures par nuit.

Non, non. Contentez-vous de distiller çà et là quelques allusions à votre futur tour de poitrine (énorme) et à votre libido ne demandant qu'à être boostée par des hormones de grossesse. N'oubliez pas de vous extasier sur tous les pères que vous croisez en trouvant ça « tellement chouette » cette relation père-bébé et sur le sex-appeal du portage « mâlesque » en écharpe.

Et dites-lui franchement et sincèrement que vous avez envie d'avoir un enfant avec lui, non ? Sur un malentendu, ça peut marcher !

Si vous avez déjà des nains (et que vous en voulez d'autres), partez un week-end en amoureux. Loin des aînés, le Mâle sera plus enclin à dire oui à un petit dernier...

Étape 2 : Comprendre comment VOUS fonctionnez

Alors là, personne ne pourra vous aider. Arrêtez tout moyen de contraception, observez vos cycles et surtout, prenez rendez-vous chez votre gynécologue pour lui parler de votre désir d'enfant. Il vous faudra faire un bilan prénatal (le premier d'une longue série) et prêter attention aux signaux que vous envoie votre corps. Vous allez être incollable sur les signes physiologiques légèrement écœurants pour le tout-venant (glaire cervicale, état de vos seins) et bientôt vous emploierez un langage étrange en remplaçant des mots par des lettres : DPO pour date probable d'ovulation, C pour cycle, DDR pour date des dernières règles et J pour jour. Inutile cependant de parler ainsi aux gens normaux, je pense que votre patron ne comprendra pas si vous lui demandez à rentrer plus tôt car vous êtes en C3J13 et que c'est une période d'ovulation +++ si vous en croyez l'état de vos glaires...

Vous allez probablement vous retrouver à lire des milliers de témoignages sur les forums « Maman en désir d'enfant ». Vous allez peut-être même opter pour une application smartphone « Dis-moi quand j'ovule » qui vous éditera chaque mois une courbe de température et vous indiquera avec alarmes et SMS paniqués que c'est le « jour J » pour faire l'amour.

Cela étant, ne paniquez pas si vous ne tombez pas enceinte tout de suite et n'investissez pas dans des milliards de tests d'ovulation. Il faut en moyenne six mois à un an pour tomber enceinte, même si évidemment vous trouverez toujours autour de vous des gens qui vous diront « qu'un seul coup a suffi » (phrase classe et distinguée !).

Étape 3 : Vaincre l'attente

Hé oui, si cela prend un à deux mois pour les veinardes, cela prend parfois bien plus longtemps, voire bien trop longtemps, pour d'autres. Et si nous ne sommes pas toutes égales face à cette attente, il faut tout de même avoir les nerfs assez solides pour y faire face. Pour sourire quand toutes vos amies vous annoncent leur grossesse et pour ne pas fondre en larmes à chaque fois qu'on vous demande « c'est pour quand le petit ? ».

On finit par faire l'amour pour ça, par faire ses courbes, par tenter mille choses, par prier à chaque fois qu'on coche une case du cycle dans son agenda. C'est viscéral, c'est difficile et il faut bien l'avouer, c'est profondément injuste.

MOI, SI J'ETAIS VOUS...

Les essais bébé sont, au début, une franche partie de rigolade. On fait l'amour (beaucoup) avec un nouvel élan. On pense bébé mais pas trop, on vit une nouvelle étape de notre vie de couple. On imagine l'enfant qu'on essaie de faire et on se projette sans trop oser.
Si le temps est trop long, cette période n'est plus drôle du tout et peut même venir perturber le couple en profondeur. N'hésitez pas à consulter (et à changer de gynécologue si vous ne vous sentez pas écoutés) si cela tarde trop (au-delà d'un an). Un désir d'enfant, c'est quelque chose qui peut rendre maboul. Vraiment.

Positif
ou négatif ?

aLOOOOOORS ?? Ça Y est ?

Ça y est, vous êtes en plein dedans... La période où chacune cherche SON cas, SES symptômes et cultive mille espoirs de découvrir enfin si le nanonain tant espéré s'est enfin niché au creux de soi.

Test

- ❏ Vous avez du mal à fermer votre soutien-gorge et le regard du Mâle sur votre décolleté devient légèrement intéressé ?
- ❏ En tentant de mettre du liquide vaisselle « Pétales de fleurs de Tiaré moisies des Îles Nauséa Bondes » sur votre éponge, vous avez eu un haut-le-cœur ?
- ❏ À la pause-café, vous avez failli vomir sur la mini-jupe de Céline, la jeune stagiaire qui se parfume au Kenzo Jungle ?
- ❏ Vous vous endormez devant *l'Amour est dans le pré* ? Vous ronflez et bavez sur votre plaid de canapé à peine la météo terminée ?
- ❏ Vous avez un bouton d'acné sur le nez ? Et un autre dans le dos ? Et comme une furieuse envie de les percer ?
- ❏ Vous pleurez à chaudes larmes en entrapercevant une publicité pour de la crème hydratante ?

Gloups...

Si en plus de tout cela vous avez un retard de cycle, alors que vous devriez être en train d'agresser tout le monde (à moins que je ne sois la seule à râler comme un vieux putois en période de règles ?)... ma foi, il est peut-être temps de cesser de tapoter vos symptômes sur Internet et d'aller acheter un test de grossesse. Ne dites pas non, je vous ai vue sur le fameux forum « Symptômes de grossesse » vous abreuver de posts aux sujets passionnants :

- Mal au ventre à C7J29, enceinte ??
- Seins douloureux, test ou pas test ?
- Enceinte, je n'avais aucun symptôme : mon témoignage.
- Photo de mon test de grossesse, qu'en pensez-vous ?

Entre celles qui s'imaginent avoir un ventre dur (la raclette de la veille) et celles qui comptent les jours minutieusement, la période du symptôme, appelée également période du « psychottage » est une période où le corps joue des tours au cerveau (qui cogite peut-être un peu trop).

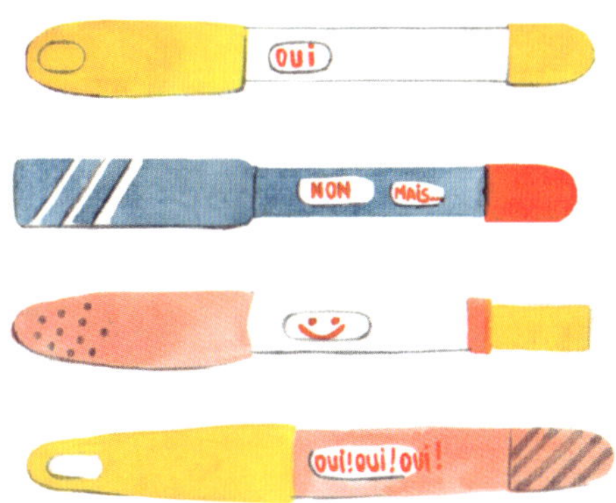

Symptôme ou «psychottage»?

Un mois de femme en essais bébé, c'est à peu près cela :

- Une semaine de règles puis une semaine « mouais-bof-rien-à-signaler-est-ce-vraiment-la-peine-de-faire-l'amour » ?
- Une semaine de « faisons-l'amour-on-doit-être-en-pleine-ovulation »
- Une semaine de « faisons-l'amour-on-ne-sait-jamais-peut-être-une-ovulation-tardive »
- Une semaine de « et si ? » et de « psychottage » intensif, les yeux sur le calendrier, la main sur le ventre, à se trouver fatiguée, à se trouver nauséeuse.

C'est dans cette dernière semaine, plus ou moins longue d'ailleurs selon vos cycles, que se joue le combat du corps et de l'esprit. Avec cette envie tellement forte que des symptômes se manifestent qu'on prend tout, tout, tout pour un symptôme...

- « J'ai tellement faim que je mangerais un âne ! » Enceinte ? Ou en fin de régime terrifiant ?
- « Je vais décéder de fatigue, je vais me faire une sieste là (il est 18h)... » Enceinte ? Ou juste du mal à se remettre de la nuit blanche de l'avant-veille ?
- « J'ai failli vomir sur le rôti de porc aux épices de Belle-Maman » Enceinte ? Ou juste le rôti de porc de Belle-Maman ?

Le corps envoie des signaux que l'esprit interprète en fonction de SA plus grande envie du moment : tomber enceinte. Bref, pendant des semaines d'attente, des symptômes, vrais ou faux, qui rendent la future maman légèrement tendue et qui la font tapoter des heures entières sur des forums de femmes en plein « psychottage ». Vous allez y penser jour et nuit, tout interpréter et vous faire mille scénarios. Passer du « je suis forcément enceinte » au « non non, c'est fichu » dans la même demi-journée, voire dans la même heure, c'est l'apanage de la future maman qui attend enfin son test positif.

MOI, SI J'ETAIS VOUS...

Chaque femme a ses symptômes et chaque grossesse également. Si pour Grand Nain vous avez vomi dès la première semaine de grossesse, force est de constater que vous n'avez appris la grossesse de Moyen Nain qu'au 2e mois en vous rendant compte que vous ne mangiez que du Babybel et des compotes.
Bref, pas de « psychottage » (enfin un peu, ça vous occupera) mais plutôt un test de grossesse à faire une fois le retard de règles avéré.
Côté test, inutile d'en faire un avant un retard de règles et préférez attendre le lendemain matin pour des urines plus concentrées. Prenez le test le moins cher, il marche aussi bien que les autres sur un retard de règles. Tout test positif EST positif. Tout test négatif ne l'est pas forcément (test réalisé trop tôt bien souvent).

Pour être une VRAIE femme enceinte...

ELLE EN PENSE QUOI MULTI ?

À ne pas oublier...

Primi, faites votre femme enceinte (profitez-en) ! Une femme enceinte est un être à part, il faut le savoir. En effet, pendant neuf mois, la future maman vit au rythme de son enfant : elle pense bébé, elle mange (beaucoup) bébé, elle parle bébé et elle dort (peu) bébé...

Ce texte s'adresse donc à vous, Primi, qui n'avez pour le moment pas d'autres enfants à gérer. Parce que vous seule aurez le temps de savourer cette grossesse dans son intégralité. Voilà donc trois recommandations niaises que je vous conseille, moi, la Multi(pare) aguerrie afin de ne pas passer à côté de choses typiques à faire pendant ces neuf mois.

Prendre PLEIN de photos de votre ventre

Mais oui ! Des photos de votre ventre. Uniquement de lui d'ailleurs, votre tête ne nous intéresse pas vraiment. La règle ? Prendre la photo toujours au même endroit et de manière régulière. Une main sous votre ventre, une main dessus et cheeeese (ah non, c'est un ventre, c'est vrai) ! Au fil des semaines, vous aurez ainsi un joli souvenir de votre ventre, surtout si vous pensez à noter à quelle date vous avez pris les photos. Le must ? Ouvrir un blog de grossesse et poster les photos régulièrement en les légendant : « Mon bidou, 16 SG ».

››› **Tandis que pour Multi :**
une fois enceinte, Multi a un ventre déjà légèrement ÉNORME.

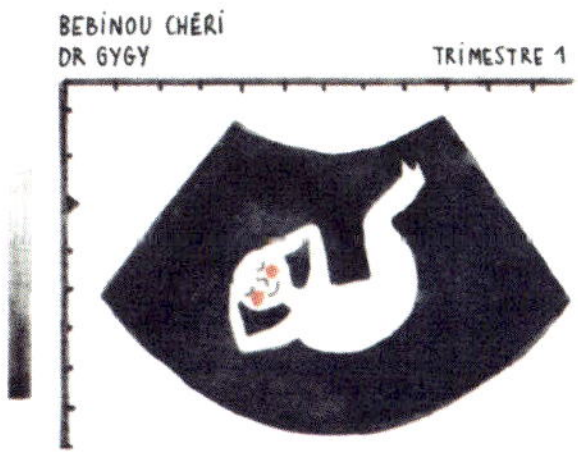

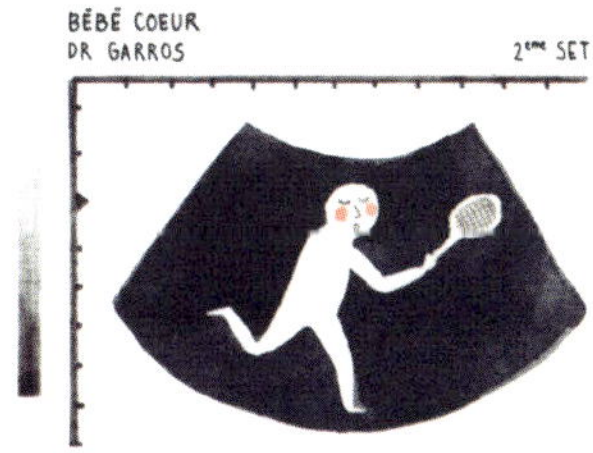

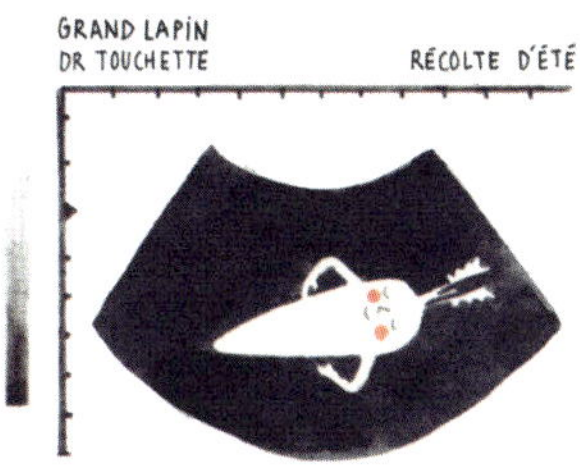

Inutile de le prendre en photo donc. D'ailleurs, Multi n'a pas le temps puisqu'elle a toujours un nain dans les pattes qui veut prendre en photo sa tour en cube ou son doudou à la place, « parce que c'est pas beau le ventre ». Merci le Nain, c'est sympa !

Créer un blog de grossesse

Le blog de grossesse est un must et un incontournable de la première grossesse. Ouvert sur une plateforme très féminine, il se doit d'avoir un titre alléchant pour les autres internautes (en tout cas, si vous souhaitez qu'elles deviennent vos copinautes). Nous vous suggérons le classique « 1 + 1 = 3 » ou, si vous souhaitez être plus précise encore, le « un bibi dans mon bidou, DPA prévue le 14.09.14). N'hésitez pas à ajouter des petits smileys de toute sorte et d'employer du cœur, des +++ pour féliciter et encourager celles qui en sont encore au stade des essais. Pensez également à la petite bannière qui vous accompagnera au quotidien par un décompte des jours avant votre date d'accouchement. Un petit texte personnalisé tel que « Dans 276 jours, mon bébé d'amour sera dans nos bras » sera du plus bel effet. Excellente idée d'ailleurs que d'ouvrir un blog, vous éviterez ainsi de « saouler » votre entourage proche avec votre grossesse et pourrez laisser libre cours à vos émotions en ligne en guettant fébrilement commentaires et remarques de vos copinautes sur votre décoration de chambre de bébé.

››› **Tandis que pour Multi :**
Multi a relu avec émotion son blog de Primi. Elle s'est trouvée un peu niaise mais a trouvé ça assez mignon.

Sauf quand elle a vu les photos de son ventre plat. Là, elle a pleuré et refermé le blog. Pour toujours.

Changer de rythme

Le temps n'est plus le même depuis que vous êtes enceinte. Pendant neuf mois, votre vie ne sera plus rythmée par les vacances ou les virées entre amis, par le boulot et les soirées en amoureux. Non. Désormais, ce seront des « RDV Gygy » et des « Écho 2e T » qui viendront s'intercaler tant bien que mal dans les colonnes de votre petit agenda. Les mois vont défiler, parfois trop lentement à votre goût, entre les PDS (prises de sang) et les RDV SF (rendez-vous sage-femme). Il vous faudra planifier, entourer des jours en rouge et mettre des cœurs à chaque mois de grossesse passé. Vous aurez des 17 SG, 23 SG et 38 SG (semaines de grossesse) menant à la DPA (date prévue d'accouchement) sobrement indiquée au marqueur noir avec dix points d'exclamation.
Vous saurez toujours exactement « à combien vous en êtes » et dès que vous êtes « entrée dans le 5e mois » vous dites « j'en suis à 5 mois ».
Ce à quoi votre Mâle rétorque : « non, 4 mois révolus » (pffffff... il craint).

››› **Tandis que pour Multi :**
les mêmes rendez-vous dans l'agenda mais entourés de rouge et déjà reportés trois fois car, étonnamment, il suffit à Multi de prendre son rendez-vous chez le gynécologue pour que Moyen Nain lui fasse une gastro fulgurante PILE le même jour. Idem pour l'échographie du deuxième trimestre qu'elle a dû faire avec un Mâle au bord de la syncope (un vil rhume refilé par les nains) et une micronaine en fin de varicelle. Elle ne sait pas toujours « à combien elle en est » mais répond toujours que « non, ce n'est pas pour tout de suite, même si mon ventre est énorme ! ».

RDV SF

17 SG

23 SG

38 SG

DPA

ÉCHO 2T

PDS

YOUPPPIIIII !
2e échographie...

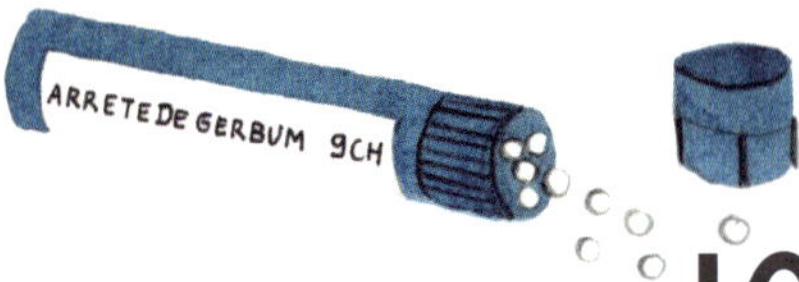

Journée de la « loose »

Vous n'êtes pas en congé maternité ni même en arrêt de travail. Bien sûr que non, vous n'en êtes même pas à trois mois de grossesse, chochotte ! Vous avez beau chouiner et faire semblant de vomir sur la blouse de Docteur Gygy, votre praticien, rien n'y fait. Snif.

D'ailleurs, personne autour de vous ne sait vraiment que vous êtes enceinte, sauf vos très proches, et vous devez donc continuer à vous comporter normalement. Interdiction de vomir dans les toilettes rutilantes de Jean-Eudes et Alix, vos amis chic. Interdiction aussi de dire à Franck, votre voisin d'open space, que son parfum « Bôgosse » sent le Canard WC...

Vous ne devez rien laisser transparaître et pourtant, quand on voit à quoi ressemblent vos journées, on se dit que s'il y a bien UN moment de votre grossesse où vous auriez besoin de repos, d'empathie et de compréhension, c'est bien là. Que vous soyez Primi(pare) ou Multi(pare) d'ailleurs. Voici quelques extraits typiques d'une journée « moisie »...

Le matin

Primi : 7 h 40. Le réveil sonne et vous avez du mal à ouvrir les yeux. C'est dommage, à 5h vous étiez parfaitement réveillée et en forme grâce à vos insomnies de grossesse. Vous avez mis près de deux heures à vous rendormir. Juste avant le réveil en fait.

Multi : 6 h 32. Vous entrouvrez un œil. Un nain d'environ 4 ans se trouve à environ dix centimètres de votre visage. Il reste silencieux et vous regarde fixement. Vous manquez de décéder de terreur. Il a faim…

Primi : 8 h 00. Oh, vous vous étiez rendormie ! Avant de vous lever, vous sirotez une petite compote afin de combattre les nausées matinales : rien de pire que de commencer la journée le ventre vide avec des haut-le-cœur.

Multi : 7 h 00. Le nain affamé a mangé votre compote du matin et est déjà en train de hurler après sa sœur qui lui a piqué sa tartine de pâte à tartiner. Grand Nain vous demande avec un ton insistant (il faut le comprendre, cela fait quatre fois qu'il demande) que vous veniez lui essuyer les fesses aux toilettes. Vous passez en mode apnée. La journée commence bien.

Primi : 8 h 45. Ah, la joie des transports en commun ! Vous avez chaud, vous avez des nausées, déjà les jambes coupées et mal au dos. Votre petit déjeuner joue au yoyo dans votre estomac et vous vous sentez serrée dans votre jean (dont vous avez laissé le premier bouton ouvert). Personne ne vous laissera de place assise, comment pourraient-ils savoir que vous êtes enceinte ?

Multi : 8 h 30. Il a fallu les habiller tous les trois, retrouver le tee-shirt fétiche Spidermachin et les chaussures qui étaient parties se cacher sous le canapé suite au fameux « jeté de godasses » de la veille au soir. Tout cela a été assez facile finalement comparé à l'épreuve du siège auto. Vous êtes en sueur, agacée et nauséeuse (pas eu le temps ni l'envie de manger un vieux pain au lait mâchouillé laissé par la petite). Vous avez ensuite dû faire demi-tour car vous aviez oublié les sacs de classe dans l'entrée (la faute à votre neurone défaillant). Ouf, il est 8 h 30 et les trois enfants sont déposés à l'école.
Les maîtresses vous ont regardé d'un air sévère : vous avez hâte de leur annoncer votre nouvelle grossesse (ou pas)…

Au travail

Primi & Multi : la journée de travail se déroulera souvent de la même façon. Cette nausée ne vous quitte jamais, vous avez l'impression d'être un lendemain de cuite au mauvais vin blanc. Sauf qu'en plus, vous ne pouvez pas boire. Vous essayez de donner le change, de rire à la machine à café avec les autres (tout en prenant discrètement un déca), de tenir le coup pendant le repas de midi (où vous jonglez pour éviter la salade terreuse, les sushis, le steak tartare et le sandwich crudités-toxo de la boulangerie du coin). Tout semble fait pour vous compliquer la vie. L'après-midi sera pour vous un véritable calvaire. Vous avez juste envie de vous laisser glisser sous votre bureau pour dormir (entre deux nausées). Vous multipliez les virées pipi et êtes à deux doigts de vous endormir, la tête sur le gros dérouleur à papier toilette.

Le soir

Primi : 18 h 30. Vous êtes épuisée, lessivée, éreintée. Arrivée à la maison, vous ôtez tout ce qui vous entrave le ventre et vous vous faites couler un bain chaud. Les mains sur le ventre, vous profitez de ces quelques moments sans nausées avant de vous envelopper dans un peignoir et d'aller siroter votre trentième compote à boire de la journée, votre seul remède anti-vomi. Le Mâle rentre et vous demande ce que vous avez envie de manger : steak ou poisson ? Vous le regardez d'un air dégoûté et partez vomir aux toilettes.

Multi : 18 h. Les nains sont récupérés à l'école. Vous les baignez tous les trois et ils inondent la salle de bain tandis que vous comatez, vaseuse, sur la cuvette des toilettes. Une fois les fauves lavés, vous gérez le repas tant bien que mal : l'odeur de la soupe de courgette vous donne envie de disparaître dans un monde ouaté et silencieux sans odeur de graillon. Les nains sont ensuite pris en charge par le Mâle pour les histoires du soir pendant que vous tentez de vous allonger trois minutes.

Primi & Multi : 21 h 30. Vous n'êtes plus bonne à rien. Le Mâle (qui regrette déjà la période essais bébé) décide de se regarder un film tout seul puisque vous êtes la réincarnation de sa grand-mère (en pire). Quant à vous, une tisane gingembre-citron et au lit. Vous serez réveillée vers 23 h 30 par le Mâle qui vous fera profiter de son coucher tardif. Vers 1 h 12 pour un premier lever pipi. Vers 2 h 14 pour Multi (et un nain cauchemardeux) et 2 h 18 pour Primi (et un Mâle ronfleur). La nuit sera un festival de coucher/relever, de tournage/retournage, trop chaud/trop froid, trop de ventre/trop de seins.

MOI, SI J'ETAIS VOUS...

Ces trois premiers mois (voire quatre, soyons honnêtes) sont longs et éreintants. Même si vous avez la chance de ne pas connaître les nausées, vous risquez d'être épuisée et irritable. Prenez au maximum le temps de vous poser quand vous le pouvez, même si ce n'est que pour une quinzaine de minutes. Vous êtes Multi ? Faites-vous aider par votre Mâle qui peut extraire les nains quelques heures le week-end éventuellement. Le temps d'une sieste et d'un bain chaud (hourra !).

IL EN PENSE QUOI
DOCTEUR GYGY ?

Petit dictionnaire
du suivi médical

Au cours de votre grossesse, vous allez être amenée à me rencontrer, moi Docteur Gygy, roi de la blouse blanche. Pas que moi d'ailleurs, mais aussi d'autres professionnels de la grossesse qui vont vous suivre tout au long de ces neuf mois. Désolé de vous l'apprendre, mais vous allez parfois serrer les dents, hocher la tête et penser à autre chose qu'à ce qui est en train de se dérouler entre vos jambes.

Toute grossesse nécessite un suivi médical, pour le meilleur et pour éviter le pire. Même si c'est parfois légèrement pénible à supporter, mieux vaut s'y astreindre pour ne pas se stresser. Afin de vous aider à y voir plus clair dans les méandres des consultations obligatoires et des prises de sang mensuelles, voilà quelques extraits du *Dictionnaire Médicaloflippant de la grossesse* que j'ai rédigé.

C – comme Col

Vous allez voir, bientôt, vous allez parler de votre « col » à tout le monde. Ne prenez pas cet air offusqué, vous êtes prévenue. Si vous avez envie que votre col soit long et bien fermé pendant huit mois, vous êtes en revanche prête à pleurer si votre sage-femme vous annonce qu'il n'est pas ouvert le 9e mois. Le jour de l'accouchement, vous priez à haute voix pour que les centimètres d'ouverture soient le plus proche du 10 possible, « faites que je sois dilatée, faites que je sois au moins à 4 ou 5 ». Et vous fondez en larmes parce que vous n'êtes qu'à 2. Cela étant, pour connaître l'état de votre col, il vous faudra auparavant passer par le toucher (voir page 34).

E – comme Échographie

L'échographie est un moment important bien qu'il reste, avant tout, un acte médical. C'est un examen émouvant durant lequel la femme enceinte a le droit de pleurer, et le Mâle d'avoir un petit rictus genre « je retiens mes larmes ». Sur le plan technique, l'examen se déroule généralement de cette manière :

• Enduite de gel, la femme enceinte se tord le cou pour regarder l'écran pendant que le Mâle s'installe confortablement dans le fauteuil placé dans l'axe.
• Madame Écho place sa sonde sur le ventre gélifié de la maman et Fœtus-nain apparaît.
• Madame Écho regarde et commente. « Vous voyez, là, c'est le cervelet. Et là, les poumons. On reconnaît bien les mains là, vous voyez ??? ». Généralement, le couple fait semblant de reconnaître des choses, en hochant la tête.
• Lors de l'écho morpho, censée délivrer aux parents la bonne nouvelle du sexe, il se passe d'étranges phénomènes. Monsieur voit un truc et pense que c'est un zizi. Il est d'ailleurs épaté. Madame Écho lui précise que c'est le bras de sa future fille.

Bref, l'échographie, acte médical qui permet de vérifier que le nourrisson est en bonne santé et ne présente pas de problème particulier, peut également être un joli moment. Un joli souvenir.

G – comme Gynéco

Également appelé Gygy par certaines mères primipares légèrement hystériques. Il a, en moyenne, toujours une heure de retard sur son planning ultra serré. La visite se déroule normalement de la manière suivante :

• Il vous demande si tout va bien et vous acquiescez. De ce fait, il vous fait passer dans la salle d'examen. Vous vous déshabillez et vous vous sentez déjà moins bien (à qui sont ces cuisses ?).
• L'épreuve de la balance arrive, vous tremblez. Évidemment vous tentez de prétexter un repas copieux dans l'heure précédant le rendez-vous, et évidemment, vous « ne comprenez pas, à la maison, ça n'annonce pas tant ».
• Allongée sur la table d'examen, vous vous entendez dire que « tout va bien, que le col est bien fermé, que bébé est haut, bref, en pleine forme, vous pouvez vous relever et vous habiller. »
• Après toutes ces émotions pondérales et l'annonce que tout va bien alors que vous espériez secrètement un tout petit arrêt de travail de quelques jours histoire de souffler un peu, vous fondez en larmes.
• Votre gynécologue en a vu d'autres, il vous tend un kleenex et une ordonnance pour votre prochaine prise de sang. Et vous n'avez donc pas d'autre choix que de ravaler vos larmes, et de ressortir du cabinet la tête haute.

L – comme Lystériose

Maladie hautement dangereuse même si elle est peu répandue en France de nos jours. Pour l'éviter il vous faudra, au moment du fromage, éviter le splendide Mont Dégueuliou qui sent le phoque et choisir plutôt la Vache qui Gît afin de ne pas prendre de risques. De la même façon, vous éviterez les produits à allure dangereuse, à savoir la moule, l'huître ou tout autre crustacé agressif. Idem pour le poisson cru ou le steak tartare. Tout ce qui n'a pas été carbonisé n'est raisonnablement pas pour vous.

M – comme Médicaments

Une femme enceinte, c'est un nourrisson. On peut donc lui donner du paracétamol. Et encore, pas trop. Par précaution on ne prend rien. Et on souffre en silence, merci, déjà qu'on geint parce qu'on est trop grosse…

P – comme Prise de sang

La prise de sang, autrement appelée PDS sur certains obscurs forums de discussion, est un acte médical désagréable pratiqué régulièrement pendant une grossesse. Au départ annonciatrice de bonne nouvelle, la prise de sang s'avère être ensuite une corvée obligatoire que l'on fait en rechignant. La prise de sang doit se faire en laboratoire près de votre domicile. À moins, bien évidemment, que le biologiste le plus proche soit un véritable boucher.

T – comme Toucher

On ne peut pas savoir l'état de son col avant LE toucher. Pratiqué généralement à chaque visite médicale, le toucher est un instant où la femme enceinte se doit de sortir mentalement de son corps si elle ne veut pas se crisper et rendre l'examen encore plus difficile. Le jour de l'accouchement, vous risquez de connaître quelques touchers rapprochés voire doublés (ou triplés) si vous avez opté pour un CHU et ses étudiantes sages-femmes désireuses d'apprendre. Un gant, un sourire, un « écartez les cuisses et détendez-vous » et c'est parti !!

T – comme Toxoplasmose

Maladie très pénible qui oblige la femme enceinte et son entourage à passer tout aliment cru et légumineux au vinaigre (non Belle-Maman, pas à la javel !) avant consommation. De Primi qui refuse systématiquement toute crudité non préparée par ses soins à Multi qui mange les carottes terreuses à peine sorties de terre, il y a un juste milieu à adopter. Cette maladie vous oblige également à faire attention à tout félin armé de griffes et de litière, la litière pouvant vous attaquer avec virulence lors d'un moment de jeu !

Alors,
on a deux de tension ?!!

0/3 mois : ce qu'il faut retenir en vrac

Le test de grossesse : puisqu'il est positif, on peut le garder en souvenir… Personne ne le répétera. Veillez à le nettoyer avant, ça sera moins répugnant pour celui qui tombera dessus par hasard.

SG/SA : vous ne comprenez rien au langage grossesse ? Rassurez-vous, ça va venir et bientôt vous expliquerez à votre amie Nulli que vous en êtes à 12 SA (« semaines d'aménorrhées, c'est tout de même pas compliqué ! ») ce qui équivaut à 14 SG (« semaines de grossesse, tu le fais exprès d'être bête ou quoi ? »).

Des femmes enceintes partout : c'est normal, c'est l'effet « vous-même ». Vous allez avoir l'impression de voir des gros ventres partout et c'est avec jalousie et envie que vous contemplerez ces jolis bidons rebondis. Ne soyez pas trop pressée car même si pour le moment vous êtes obligée de sortir le ventre pour prétendre gratter les mamies aux caisses prioritaires, ça ne durera pas (et après l'accouchement, on vous laissera encore passer…).

La fausse couche, ça arrive : parlons de choses moins drôles car avant trois mois il existe un réel risque de faire une fausse couche. Si vous sentez que quelque chose ne va pas (disparition des symptômes ou pertes de sang), consultez votre médecin. Mais attention, ne vous stressez pas pour autant durant ces trois premiers mois : la mère n'est jamais responsable d'une fausse couche parce qu'elle a sauté d'un trottoir ou parce qu'elle a porté un pack d'eau. Même si c'est souvent en raison d'un véritable souci, le fait que tout s'arrête en quelques minutes est très dur à vivre pour une future maman. Pleurez et confiez-vous, il n'y a pas de honte à être triste.

Et Nanonain(e) ? : à la fin du 3e mois, Nanonain(e) commence à avoir l'allure d'un vrai petit être humain avec jambes qui gigotent et bras qui tapotent. C'est le mois de l'échographie de dépistage, durant laquelle vous écouterez le cœur de votre futur petit rigolo tout en vous régalant de ses petits mouvements *in utero*. Vous risquez de répéter sans cesse « c'est fou… » tout en tenant la main du Mâle qui fait semblant de bâiller pour justifier les larmes au coin des yeux.

Pour obtenir un peu d'empathie : il est difficile d'expliquer à quelqu'un qui ne sera jamais enceinte (genre votre cher et tendre) ou qui n'a jamais eu de nausées enceinte (Belle-Maman manifestement) ce qu'avoir des nausées 24h/24 signifie. Pour aider le futur Papa, ce cher Mâle, à comprendre votre état nauséeux permanent, je vous suggère de réaliser cette petite expérience : préparez une raclette. Chargée, la raclette. Et achetez pour accompagner cette raclette un mauvais vin blanc type Château Acide, cuvée Vinègre. Qu'il mange et qu'il boive. Beaucoup. Le lendemain matin, sortez-le du lit assez tôt. Et savourez.
Oui, l'état nauséeux des trois premiers mois de grossesse est légèrement comparable à un lendemain de cuite au mauvais vin blanc couplé à des difficultés digestives dues à l'abus de raclette.

On arrête de boire : même un fond de Château Trèsgoûtu 1978.
C'est possible de ne pas picoler pendant 9 mois. Surtout que les conséquences sont tout de même terribles. On se gave de cocktails sans alcool et on sirote des smoothies d'un air intelligent.
En soirée, c'est moins festif mais de toute façon, puisque à 21 h 30 vous rêvez de vous blottir sous une couette, vous n'allez plus beaucoup aux soirées.

On arrête de fumer : évitez tout de même d'intoxiquer votre futur rigolo. Vous allez déjà en baver avec ses bronchites et ses rhumes, ne vous ajoutez pas d'autres trucs en plus...

Faire un sport violent : youpi les feignasses, on arrête le jogging ! Même si on peut continuer à pratiquer son sport de manière soft pendant les premiers mois, bien souvent la trouille de la fausse couche nous pousse à mettre le holà. Ce qu'il vous reste pour éviter de moisir comme une loque sur votre canapé ? La piscine (votre élément naturel depuis que vous êtes en mode « baleine ») et la marche, histoire de dire que vous vous oxygénez un peu tout de même.

Ne vous inquiétez pas si...

- Vous avez envie de dormir tout le temps : le mode zombie est inhérent à la femme enceinte les premiers mois. Dormez quand vous le pouvez et surtout, couchez-vous tôt.
- Vous cumulez nausées, hémorroïdes, maux de dos et de ventre. Super ! Vivez le plus calmement possible, consultez un ostéopathe et ne laissez aucun mal dégénérer.
- Vous avez l'impression de tout oublier, de ne plus savoir conduire, de ne plus savoir cuisiner et de passer votre temps à chercher vos clés. C'est normal et très agaçant. Pensez à vous acheter un ÉNORME porte-clés. Et à laisser conduire le Mâle. Pareil pour la cuisine.

C'est votre meilleur profil mon p'tit !

YOUPI, ON LE DIT !

3/6 mois

TYPOLOGIE De L'annonce

Ah, l'annonce. On la rêve jolie, on la voudrait exceptionnelle et mémorable. C'est normal, c'est un moment magique qu'on souhaite partager de manière forte avec ceux qu'on aime. L'annonce au papa, l'annonce à la famille, l'annonce aux amis : autant de moments qu'on a envie d'inscrire dans l'histoire de sa grossesse.

Quelques indices...

L'annonce au papa s'imagine souvent merveilleuse mais est souvent la même pour tout le monde. En effet, même si vous souhaitez garder la surprise pour vous et l'annoncer au Mâle de manière inoubliable, vous ne tenez pas longtemps et vous finissez par vous jeter dans ses bras, le bâtonnet de pipi à la main, en pleurant de joie.
Les plus téméraires d'entre vous auront peut-être le courage d'organiser un jeu de piste spécial futur papa où le Mâle, d'indice louche (tétine) en indice louche (biberon) comprend petit à petit que vous êtes enceinte.

Bien souvent, pour l'annoncer à sa famille, on attend le troisième mois, histoire d'être certaine (ou presque) que le risque de fausse couche est passé. Bien sûr, vous pouvez l'annoncer avant car on a souvent envie que les gens proches soient au courant puisque ce sont également ceux qui sont susceptibles de nous soutenir si cela se passe mal. Et puis, comme c'est le Mâle qui boit discrètement TOUS vos verres de vin depuis que vous êtes enceinte, il aimerait tout de même que vous le disiez, car il en a un peu marre de finir tous ses repas complètement cuit à ricaner bêtement. Cela étant, l'annonce d'une grossesse peut prendre plusieurs formes et mérite qu'on s'y attarde un peu en lui consacrant une petite analyse typologique accompagnée de témoignages.

La classique : l'annonce classique est la première qui vous vient à l'esprit. Un paquet de café Grand-mère, une paire de chaussons de bébé placée dans une assiette lors du repas du dimanche midi, une tétine offerte en guise de cadeau de Noël… que du facile, du léger, de l'efficace. Bon, parfois ça ne fait pas tilt et vous passez pour une débile à offrir un jouet pouêt pouêt à votre frère (qui ne comprend pas qu'il va être tonton) mais en règle générale, c'est une annonce sans prise de risque.

L'intellectuelle : si on a la chance d'avoir encore quelques neurones (oui, car la grossesse grignote les neurones de la femme enceinte, il faut le savoir, nous en parlerons un peu plus tard), n'hésitez pas à organiser un petit rébus, une charade, un jeu de piste, un quiz, un mot fléché, bref quelque chose qui demandera un peu de réflexion aux gens avant de leur délivrer la bonne nouvelle. Ne faites pas trop compliqué non plus, pas trop métaphorique. Il serait tout de même fâcheux que votre belle-mère ne saisisse pas le sens caché de votre rébus à base de « vieille » et de « bique ».

La geek : normalement, la « geekerie » vous maîtrisez. La preuve, vous avez déjà téléchargé l'application « Dis-moi quand j'accouche » et votre blog « 1 + 1 = 3 » est en ligne depuis quelques semaines. Rien de plus facile donc que d'envoyer une carte virtuelle pour annoncer la bonne nouvelle, ou de faire un petit diaporama explicatif… gageons que vous aurez un franc succès !

La manuelle : vous êtes douée de vos petites mains ? Profitez-en. Un tee-shirt avec écrit « tu vas être papa » que vous pourrez porter le soir de l'annonce ou bien un magnifique montage photo de lui et de vous, avec des rubans, du masking tape ou bien tout simplement une jolie carte. Les idées ne manquent pas et, à moins de taguer le mur du jardin de vos parents pour leur annoncer la bonne nouvelle, cela vous fera une petite chose à conserver en souvenir.

La ratée : hé oui, parfois, ça rate… Parce que vous avez déjà pris environ 10 kilos et que ça se voit. Parce que vous avez arrêté de boire, de fumer et que vous vous touchez le ventre avec tendresse toutes les huit minutes. Parce que vous aviez prévenu la terre entière que vous étiez en essais bébé et que, de ce fait, votre mine réjouie ne trompe personne. Et parfois parce que vous avez laissé traîner vos résultats de prise de sang sur votre bureau… Résultat, au moment de votre annonce, vous avez le droit à un « on le savait !!! ».

Idées en vrac :

- Le paquet de riz Uncle Ben's (et le « Ben » barré que l'on remplace par le prénom du tonton en question). *(Sophie)*
- Un point d'interrogation sur son ventre, qu'on laisse découvrir au futur papa au moment du coucher. *(Lalou)*
- Envoyer une lettre aux futurs grands-parents de la part du futur bébé, c'est niais mais très efficace. *(Émeline)*
- Des livres genre « Petit ours brun et sa mamie », « L'éléphant et son papy » normalement ça fait tilt assez vite. *(Myriam)*
- Des chocolats personnalisés « Nous serons 3 dans 9 mois », à Pâques par exemple ça fait son petit effet. *(Élise)*
- Si vous êtes déjà parents, utilisez l'aîné comme messager avec un petit vêtement « je vais être grande sœur » ou un petit message sous une photo « J'en profite, on va être bientôt trop nombreux pour les bras de maman ».

Que ce soit bien clair !

Hé, les bigleux !!!

Le quotidien du ventre

La femme enceinte que vous êtes va entretenir (et entretient déjà) un étrange rapport avec son ventre. Il va devenir votre meilleur ami, symbole de la présence de Nanonain(e) en vous ; il va devenir votre pire ennemi quand il s'agira de s'extirper du lit le matin au réveil…

Votre ventre ? Vous allez le caresser, poser votre main bien à plat dessus pour tenter de sentir des nano-mouvements ; vous allez tenter de le rentrer un peu, après l'accouchement, pour qu'on évite de vous demander « c'est pour quand ? ».
Vous l'aurez compris, il va vous falloir prêter attention à cette partie de vous, en lui faisant confiance et en lui rappelant que si vous perdez environ dix minutes chaque soir à l'oindre d'huile anti-vergetures, ce n'est pas pour qu'il vous fasse faux bond en se striant de rouge/violet les deux dernières semaines !
Entre votre ventre et vous commence une histoire étonnante, faite de douceur et de larmes, de crème hydratante et de ventre plat, de duvet et de ligne poilue, de nombril disparu et de coups de pied attendus.

Ventre plat

Tout d'abord votre ventre est plat. Enfin, plat… En tout cas, il ressemble très clairement à ce qu'il a toujours été : un ventre. Vous avez beau le sortir, le rentrer, vous mettre de profil, le tâter en le trouvant plus dur que d'habitude, il reste un ventre normal. Pas de quoi gratter les trois mamies à la caisse prioritaire. Pas de quoi virer le mauvais jeune qui a piqué votre place dans le bus. Pas de quoi non plus changer toute votre garde-robe. Quoique…

Si vous êtes multipare, votre ventre semblera assez rapidement se souvenir de ses expériences passées et rentrera aussitôt en mode « enceinte ». À peine le test positif, il se relâche comme s'il soupirait (d'aise) et vous voilà presque bonne pour enfiler votre bon vieux jean de grossesse rescapé du nain précédent.

Les regards des gens se poseront rapidement sur vous avec cette fameuse phrase « c'est pour quand ? Ça fait quoi là, 4 mois ? » et vous prendrez un air très sûr de vous pour dire « oui, oui c'est cela » tout en pleurant à l'intérieur de vous-même.

C'est injuste mais pendant que les primipares attendent, face au miroir, qu'un joli ventre se dessine sous leur tee-shirt, les multipares, elles, tentent de dissimuler leur bedaine pour éviter un mensonge concernant leur temps de gestation. Elles auront toutes les deux en commun cette main posée bien souvent, histoire de donner un peu de temps à ce qui grandit en elles.

Joli ventre rond

Puis, ça y est enfin pour les Primis. Elles peuvent enfiler du moulant, du mignon, du « Fille ou Garçon » sur un tee-shirt un peu ample. Elles arborent fièrement leur ventre, posant la main dessus à la moindre occasion. Les Multis tentent, quant à elles, d'expliquer à la voisine du dessus que « NON, ce n'est pas pour le mois prochain » et se décident à acheter un jean une taille au-dessus. À la caisse prioritaire, c'est toujours le même cirque puisque personne ne laisse passer les gros ventres.

Pourtant, en rêve, tout est si simple et vous vous prenez à espérer un monde merveilleux dans lequel les gens seraient à deux doigts de vous faire une haie d'honneur à votre passage en caisse.

Fermez les yeux...

Vous êtes en courses, seule avec votre joli ventre. Vos courses sont terminées et vous cherchez du regard la caisse prioritaire. Vous arrivez en caisse avec votre liste de courses cochée et votre caddie rempli à ras bord. Rien ne tombe, rien ne dépasse, tout est empilé avec intelligence. Vous avez de la chance car un jeune scout est positionné au bout du tapis pour aider les gens à emballer leurs courses plus rapidement. Comme il est chou ! Une fois devant la caisse, vous demandez poliment et, tout naturellement, à l'aide d'un grand sourire, à passer devant les autres clients. Vous vous excusez (mais pas trop, c'est tout de même une caisse prioritaire) et remerciez les gens en vous tenant le ventre d'un air gracile. Le gentil scout vous a aidé et vous dépose même vos cabas dans le caddie. Puis il vous suit jusqu'à votre voiture et vous dispose le tout dans votre coffre admirablement propre et bien rangé. Merveilleux.

Ouvrez les yeux...

Vous n'avez pas pensé à prendre un caddie en fait. Parce que vous n'aviez que quelques menues courses à faire. Mais finalement, en arpentant les rayons, vous vous êtes rendu compte qu'il manquait pas mal de choses. Bon, deux paniers à main devraient suffire. Une demi-heure après, vous arrivez en caisse le genou démonté et avec un ventre légèrement tendu (ça commence à peser).

Comme c'est la pause déjeuner, il n'y a que deux caisses d'ouvertes et environ 40 personnes à la caisse. Tout le monde fait mine de vous ignorer, de ne pas avoir vu ce ventre qui n'est manifestement pas assez gros pour être prioritaire. La dame juste devant vous vous propose tout de même de vous laisser passer. « Merci, mais il faudrait que les 39 autres fassent de même, Madame... » Ce qui n'a pas l'air d'être à l'ordre du jour. Vous envoyez un texto agressif au Mâle pour vous calmer. Tiens, une autre caisse s'ouvre. Tout le monde se rue dessus. Sauf vous, vous êtes enceinte et donc peu réactive puisque rapidement en mode veille prolongée si on ne vous sollicite pas. Vous paierez vos achats après une longue attente, vous aurez oublié votre carte de fidélité et vos cabas (encore deux de plus) que vous traînerez misérablement jusqu'à votre voiture. Cabas que vous ferez décharger au Mâle qui vous pourrira d'avoir porté des choses lourdes. Évidemment.

MOI, SI J'ETAIS VOUS...

– Ne soyez pas trop pressée d'avoir un joli ventre, il arrivera bien assez tôt et vous pesterez bientôt. Parce qu'un gros ventre c'est aussi se tacher à chaque repas (la distance assiette-bouche étant de plus en plus grande) et avoir du mal à sortir de la voiture si on ne sait pas se garer.

– Demandez à passer devant. Les hommes sont souvent les plus enclins à vous laisser la place, et si vous avez peur de vous faire lyncher, demandez carrément à la caissière. Dans le bus et dans le métro, prenez votre air mal en point. Et lisez ce livre en montrant la couverture à tous. Ça aidera.

ELLE EN PENSE QUOI BELLE-MAMAN ?

Florilège
pour une belle-mère

« J'ai hâte de découvrir la frimousse de MON bébé !! ». Belle-Maman, avril 2013. Après cette petite remarque adressée à votre petite personne au ventre rond, Belle-Maman a mystérieusement disparu. On n'a retrouvé d'elle que son scalp et quelques dents. Paix à son âme.

Belle-Maman n'a pas l'apanage de la remarque stupide et heureusement, car cela risque de faire beaucoup pour une seule personne. D'ailleurs votre belle-mère est peut-être adorable (si, si, ça arrive) et vous ne vous sentirez pas du tout en adéquation avec le texte qui va suivre. Disons donc que ces phrases, placées volontairement dans la bouche de mon bouc émissaire préféré, pourraient être placées, au choix, dans celle de Tatie Relou, de votre voisine Monique-mêle-tout, voire de votre propre mère. Hé oui, lorsqu'on est enceinte, on tombe dans le domaine public, il faut le savoir et chacun se sent obligé d'y aller de sa petite remarque personnelle et souvent déplacée.

Bref, elle en dit quoi Belle-Maman de cette grossesse ? Petit florilège chronologique (toujours dans le but de vous simplifier la lecture, amie enceinte aux neurones fatigués) :

Étape 1 : Avant...

— **Belle-Maman : C'est quand que vous me faites un petit-fils ?**
— *Vous : Quand tu auras arrêté de nous le demander !*

— **Belle-Maman : En tout cas, ce n'est pas le moment pour vous de faire un bébé, hein ??**
— *Vous : Ce n'est pas le moment de te dire que je suis enceinte, donc ?*

Étape 2 : L'annonce

— **Belle-Maman : Quoi ? Déjà ? Mais comment allez-vous vous en sortir ?**
— *Vous : En tout cas, pas grâce à toi...*

— **Belle-Maman : Je vous préviens, je ne vous le garderai pas !**
— *Vous : Ça tombe bien, on ne comptait pas te le laisser...*

— **Belle-Maman : Je m'en doutais vu** (rayez la mention inutile, ou aucune mention) **: tes seins énormes/ta mauvaise mine/ta tête face à mon rôti/ta prise de poids/l'état de tes cheveux...**
— *Vous... (ne pleurez pas devant elle. Attendez d'être dans la voiture !)*

— **Belle-Maman : À ton âge ? J'espère qu'il sera normal...**
— *Vous : Je m'inquiétais surtout pour les tares de ton côté de la famille, moi !*

— **Belle-Maman : Ça serait bien en tout cas qu'il ne m'appelle pas Mamie, ça fait trop vieux !**
— *Vous : Choisis ce que tu veux, on lui dira de t'appeler Mémère de toute façon...*

Étape 3 : Pendant la grossesse

— ***Belle-Maman : Et tu as pris combien là ?***
— *Vous : Moins que toi depuis que tu as arrêté de fumer...*

— ***Belle-Maman : Tu es sûre que tu manges correctement ?***
— *Vous : Sauf quand je viens manger chez toi...*

— ***Belle-Maman : On se commande des sushis ?***
— *Vous : Ah non désolée, avec le foie gras/champagne d'hier, ça risque de faire trop niveau calories...*

— ***Belle-Maman : Tu as déjà des vergetures ?!!***
— *Vous : Non, juste des varices vulvaires !*

— ***Belle-Maman : Je peux toucher mon bébé ?***
— *Vous : Le Mâle ? Quand il rentrera du travail, aucun souci !*

— ***Belle-Maman : J'ai fait des rognons !***
— *Vous : Non merci, j'ai déjà vomi ce matin.*

— ***Belle-Maman : Je pensais venir passer quelques jours à la maison pour t'aider avec le bébé après la naissance. Tu en dis quoi ?***
— *Vous : J'en dis que je préfère encore me pendre avec mon soutien-gorge d'allaitement !*

— ***Belle-Maman : Et tu comptes le nourrir ? Combien de temps ?***
— *Vous : Tant que ton fils ne se lèvera pas la nuit pour s'en occuper !*

— ***Belle-Maman : Ah, tu ne comptes pas l'allaiter... Pourquoi ? C'est quand même le mieux mais enfin si tu ne veux pas tu ne veux pas, c'est ton choix.***
— *Vous : Oui, c'est ça qui est bien. C'est mon choix. Ce sont mes seins aussi (et tes fesses dont tu devrais t'occuper) !*

Bouquet final : le jour de l'accouchement, Belle-Maman vous achève avec un : ***« Pousse ! Pousse ! »*** envoyé sur votre téléphone portable.

T'as un peu pris là, non ?
Non non, pas du tout.

Dis Papa,
on peut ramener le bébé
au magasin ?

Le coaching des aînés

Vous aimez votre nain. Il vous gave, il vous saoule, il vous énerve et vous pousse à bout. Il sait jouer avec vos nerfs, il n'est qu'une petite personne fourbissime mais vous, vous l'aimez. D'ailleurs vous l'aimez tellement votre nain que vous avez décidé d'en faire un autre, et puis un autre, et encore un autre.

Faire un nain, c'est une affaire de parents certes, mais ça risque de perturber drôlement le nain d'avant, le premier nain, Sa Majesté le Chouchou Nain, le seul et l'unique, voire les nains d'avant si vous êtes une multipare récidiviste. Le(s) aîné(s) vont faire une mini-révolution, c'est bien probable, à base d'instants régressifs, de pipis au lit, de tétine réclamée, de bêtises en tout genre, de petites rébellions, de « non » et de crises de colères. Soyez prêts.

Pour vous y aider, voici quelques conseils pour coacher votre (ou vos) aîné(s) pendant votre grossesse.

Règle n°1 : Ne prévenez pas le(s) aîné(s) dès le début de votre grossesse mais attendez que cela se voie (et que les gens en parlent autour de vous). Le temps risque sinon de leur paraître très long avant la venue du bébé et ils ne vont pas arrêter de demander ***« c'est quand qu'il arrive le bébé ?? »*** d'un ton plaintif en alternance avec ***« c'est quand qu'il vient Papa Noël ?? »***. Évitez-vous ces questionnements incessants et n'en parlez que lorsque votre bedaine est très visible.

Règle n°4 : Prévoyez un cadeau sympathique pour la maternité que Nanonain(e) offrira à son (ou ses) aîné(s). Un mirifique tractopelle, un sublime petit poney, un chouette livre, voici quelques idées qui permettront à l'aîné de jouer quelques minutes dans votre chambre surchauffée à la maternité et qui permettent déjà aux anciens d'établir un a priori positif sur le petit nouveau.

Règle n°2 : Ne faites pas participer les autres nains à des décisions importantes concernant le futur pourrisseur de nuits. Faire un nain est une affaire d'adultes, il ne sert donc à rien de demander aux aînés comment ils veulent appeler leur petit frère. En revanche, rien ne vous empêche de les emmener choisir un petit cadeau de naissance ou un futur doudou pour leur petit boulet à venir.

Règle n°5 : Expliquez au(x) nain(s) que Nanonain(e) va être un petit boulet inintéressant. Qu'il (ou elle) ne jouera pas tout de suite avec lui, qu'il (ou elle) se contentera de dormir (peu), de manger et de faire caca. Rien de passionnant donc. Et qu'il est fort probable qu'un des parents devienne pour quelques mois l'esclave attitré de Nanonain(e)... Que ce n'est donc pas la peine d'être si pressé de le voir...

Règle n°3 : Lisez du livre niais pour préparer le nain. Il en existe beaucoup d'ailleurs, à croire qu'aucun nain n'est vraiment joyeux à l'idée de devenir grand frère (ou grande sœur). Choisissez ces ouvrages avec sérieux et n'hésitez pas à faire une petite sélection à la médiathèque, histoire de varier les plaisirs.

Tu fais un bisou à ton petit frère ?

Non, il sent le caca boudin !

Règle n°6 : Ne cessez pas de faire certaines choses du jour au lendemain juste parce que vous êtes enceinte. Même si vous êtes fatiguée, prenez un peu de temps pour votre aîné. Continuez les rituels du soir, par exemple, et déléguez le bain ou le repas si vous le pouvez. Préservez des moments avec lui, et même autant que possible quand Nanonain(e) sera là.

Règle n°7 : Ouvrez un album photo de votre première grossesse (normalement, vous avez pas mal de photos de cette période) et regardez avec lui des photos de vous enceinte de lui (vous suivez ?) et des photos de lui, bébé. Séquence émotion. Surtout quand vous découvrirez à quel point vous étiez jeune. Et pas encore si fatiguée.

Règle n°8 : Ne vous mettez pas la pression. Aucune fratrie n'est idéale, elle se construit au fil du temps. Ils ne joueront pas trois heures d'affilée aux petits chevaux en se faisant des politesses (à moins de les droguer). Non, ils vont se pourrir et se hurler dessus toutes les dix minutes. C'est normal. Ils s'aiment.

Et un de plus
pour des parties de dés !

MOI, SI J'ETAIS VOUS...

L'arrivée d'un petit frère ou d'une petite sœur est un moment délicat pour l'aîné. Il va devoir faire avec un autre. À chaque naissance, la famille est bouleversée et chacun doit reprendre une nouvelle place. C'est le moment où tout peut partir en vrille : langage, alimentation, propreté, sommeil. Pas de panique, ça ne dure pas.
L'important est d'accompagner le nain dans cette période, tout en douceur, tout en compréhension. Il ne faut pas le brusquer ni lui imposer de changements trop brutaux. Expliquez-lui clairement les choses, mais n'en faites pas des caisses ! Assurez-lui tout simplement que vous l'aimerez toujours pareil.

Les jolis moments (et les autres)

Un guide de grossesse doit être niais. Personne n'y peut rien, c'est ainsi. Parce que vous pleurez devant la publicité Blédina (vous sanglotez même, soyons honnêtes), parce que vous êtes capable de vous émouvoir à la vue d'une place de parking juste en bas de chez vous… Voilà donc une petite dose de niaiseries de grossesse à déguster.

Pouvoir manger et s'habiller comme on veut

Vous avez pris. Un peu (beaucoup). Du ventre, des cuisses, des fesses et des seins. Mais pour une fois, vous ne pleurez pas, vous ne dites pas *« j'aime trop manger, c'est ça mon problème »*. Non. Vous vous trouvez ronde et jolie, vous vous trouvez appétissante et magnifique. En toute humilité. Profitez et mettez en valeur ce que vous cachez habituellement. Faites tout de même attention avec les kilos de bonbons grignotés devant « Les Maternelles » car bientôt vous vous retrouverez avec la même silhouette mais sans Nanonain(e) à l'intérieur pour la justifier.

Avoir raison. Tout le temps.

Bien sûr que vous avez raison. Vous êtes enceinte alors vous avez raison. La chambre de bébé en vert pomme ? Excellente idée. Manger (encore) une salade de tomates à la feta ? Superbe. Revoir *Le Premier Cri* pour la trentième fois ? Trop hâte. Profitez-en, personne ne vous contredira pendant ces neuf mois. On ne s'oppose pas à l'adorable petite personne qui porte la vie.

Se faire chouchouter

« Tu veux que je te fasse un petit massage ? Laisse-moi porter cet oreiller, c'est un peu lourd. Assieds-toi, je vais le faire à ta place. Tu veux qu'on se commande des pizzas à la maison plutôt ? » MAIS OUI ! Oui à tout ça ! Oui à la pacha attitude, aux petits soins, au mode « Moi Moi Moi ». Faites-vous chouchouter, ça fait du bien, et profitez de l'aide que les gens vous proposent. Vous n'aurez pas de médaille à vouloir tout faire toute seule, alors préservez-vous. Et surtout, ne culpabilisez pas, car bientôt VOUS serez l'esclave d'une petite chose de 51 cm.

Sentir Nanonain(e) bouger

On a beau trouver que ça fait drôle d'avoir comme un alien dans le ventre, on a beau râler car Sa Majesté du Nanonain se réveille toutes les nuits vers 4 h 22 pour sa séance de gymnastique quotidienne, sentir quelqu'un bouger en soi c'est tout de même merveilleux. Savoir qu'à tout moment on est deux, c'est une des plus belles choses de la grossesse. Poser la main sur son ventre, sentir qu'il vient s'y blottir, faire toc-toc, le voir répondre, se demander si c'est un coude ou un bout de fesse, sourire, appeler le Mâle, attendre avec sa main à lui posée sur votre ventre et dire *« ah ben non, il ne le fait plus »*. Ça vous manquera.

Le battement de son cœur

Oui, c'est cliché. Mais sérieusement, le son du cœur ça fait toujours quelque chose. On ne fond pas forcément en larmes (heureusement) mais ça rentre en nous et ça nous accompagne. Celles qui font des monitorings fréquents trouveront que c'est pénible et que ça finit par taper sur le système ; mais celles qui angoissent seront émerveillées à chaque fois par ce petit bruit d'outre-utérus. Inutile cependant d'investir dans un casque à écouter le cœur de bébé, le mieux quand on est enceinte, c'est de rester chacun chez soi et de ne pas espionner Nanonain(e). Il vous pourrira assez vite vos nuits, ne vous en faites pas.

MOI, SI J'ETAIS VOUS...

– **Peut-être que tous les jolis moments ne vous parleront pas.** Peut-être que vous ne vous épanouissez pas dans votre grossesse. Ne soyez pas angoissée, c'est tout à fait possible et cela n'a rien de terrible ou d'anormal.
Si la majorité des femmes aiment être enceintes, gageons que vous en trouverez autour de vous qui ne gardent pas un bon souvenir de cette période mais qui adorent leur nouveau statut de maman.
– **Si vous vous sentez vraiment mal dans votre corps de baleine,** si vous avez le cafard et si cela vous rend triste de ne pas vous réjouir, n'hésitez pas à en parler à votre sage-femme qui saura vous rassurer ou mettre le doigt sur des angoisses plus profondes. La maternité nous révèle bien des choses sur nous-même.

ELLE EN PENSE QUOI
NULLI ?

La police du style

Je sais bien que c'est un guide de grossesse et que moi, Nulli(pare), je n'ai pas mon mot à dire parce que « je ne SAIS pas » et que « je ne peux pas comprendre ce que c'est », mais tout de même, mesdames, laissez-moi intervenir brièvement dans les pages de cet excellent ouvrage car vous courez au désastre vestimentaire.

Ne dites pas non, je suis certaine qu'à l'heure où vous lisez ces lignes vous êtes installée, que dis-je vautrée telle un lamantin neurasthénique sur votre canapé devenu votre résidence secondaire, vêtue d'un jogging hideux (même s'il est confortable) et d'un haut extensible moche délavé (même s'il est, lui aussi, confortable).

À moins que, PIRE, vous ayez choisi de bouquiner au lit, calée par votre boudin d'allaitement (pas vous, le coussin), affublée d'une nuisette trop large ornée d'un animal niais type chiot rieur ou poussin hystérique. Ne me dites pas que vous portez un tee-shirt du Mâle, pitié, ne me faites pas ça, c'est impossible ! Ah non, peut-être êtes-vous en train de lire ce livre dans les transports en commun et qu'à l'heure où vous déchiffrez ces lignes, vous êtes engoncée dans un jean trop serré (malgré le premier bouton ouvert) et une chemise qui manque d'exploser tant vos seins ont pris du volume (rictus satisfait du Mâle).

J'ai raison, n'est-ce pas ? Vous n'avez pas de look. Et pourtant ma chère, vous avez du ventre et vous n'êtes pas prête d'en avoir moins, alors laissez-moi vous guider dans votre shopping grossesse.

Attention au mauvais look !

Si vous êtes une fana de jeans, n'hésitez pas à investir dans un vrai bon jean de grossesse que vous pourrez porter après l'accouchement (oui, pardon mais oui). Beaucoup de sites proposent des retours gratuits et des aides à l'achat en ligne, profitez-en ! Et ne râlez pas sur les prix, vous n'allez porter QUE ça pendant près d'un an.

Côté sous-vêtements : oubliez la lingerie Hot Baleineau, même si le Mâle en rêve, et optez pour une jolie parure dans une collection grande taille avec un bon maintien. Si vous comptez allaiter, achetez éventuellement un soutien-gorge d'allaitement. Côté culottes, laissez tomber le shorty en dentelle qui vous fera ressembler à un saucisson corse, et choisissez plutôt des culottes confortables qui seront ensuite recyclées en culottes pour la maternité.

Côté bas : pour envelopper ventre et cuissots, on opte pour le legging. Confortable et élastique, il évite de se sentir asphyxiée en fin de grossesse. En matière douce et épaisse, il permet de porter robes et tuniques et ne serre pas le ventre quand on s'assoit.

Et les hauts ? Trouver un haut pour votre énooooorme ventre est un peu moins complexe qu'un pantalon. Vous avez le choix d'ailleurs entre plusieurs options : top basique, robe ou tunique. On privilégie les hauts grossesse/allaitement si on compte allaiter et on opte pour du flou autour du ventre puisque d'ici quelques mois ce joli ventre (mou) sera vide de nain et vous voudrez le cacher. Optez pour des hauts jolis et pratiques, et surtout très simples à nettoyer. Car n'oubliez pas que vous êtes enceinte et que, de ce fait, vous avez tendance à rater toutes vos lessives.

En hiver ? Il fait froid et vous ne pouvez plus fermer votre petite veste Comptoir des Cotonniers. Pitié, ne vous précipitez pas sur la vieille parka kaki de votre Mâle. Pitié, n'allez pas enfiler une polaire taille XXL. Non. Vous pouvez trouver en magasin des vestes de grossesse à des prix décents. Et éviter ainsi de ressembler à un chasseur obèse. Si vous accouchez en hiver et que vous comptez porter, pensez à la veste de portage qui coûte un peu cher mais qui vous fera double emploi une fois le nain né.

Je vous autorise à acheter un jogging moche mais confortable. Prenez-en un noir avec une grosse bande ventrale. Vous pleurerez de joie en le trouvant dans votre valise à la maternité.

Pitié, évitez les bandeaux de grossesse et les tee-shirts à message. On le voit que vous êtes enceinte, on le sait. Ne nous infligez pas les « Fille ou Garçon ? » ou encore les « Je sors en août ». Pitié, c'est moche.

Je shoppe où ?

- Pour des vêtements de grossesse et d'allaitement en ligne, je vais chez : Mamanana, Emoi-Emoi, Top Shop, Séraphine, Mark & Spencer, Asos.
- Pour des vêtements un peu moins onéreux, filez chez : H&M, C&A, Gap Maternité, Kiabi, La Halle aux Vêtements, Gémo.
- Pour les jolies vestes de portage : Zoli, fournies avec les inserts grossesse et Nanonain(e)...
- Pour le maillot de bain de baleine : Décathlon !

Quels sont
ces symboles étranges ?

BILAN 3/6 MOIS

La meilleure période...

Vous êtes normalement dans votre plus chouette trimestre de grossesse, à moins que vous n'ayez clairement la poisse. Les nausées doivent s'être estompées et votre ventre vous permet encore de monter les escaliers sans souffler comme un phoque asthmatique.

Vous êtes une vraie femme enceinte désormais, cela se voit et vous faites exactement ce qu'il faut pour coller le plus parfaitement possible à ce nouveau statut :

- Vous pleurez en regardant un replay des « Maternelles » sur l'accouchement. Pathétique.
- Vous caressez votre ventre avec amour depuis que vous avez senti ces minuscules bubulles à l'intérieur de vous-même. Passé la période de stress dû au fait que la majorité de vos copinautes sentaient leur bébé à 15SG, vous profitez enfin de le sentir également. Enfin, si c'est bien ça que vous sentez (à ne pas confondre avec les difficultés digestives qui incombent à la soirée crêpes de la veille).
- Vous mangez pour deux. Les nausées sont terminées alors autant en profiter. Vous craquez sur de la junk food (c'est mal) et sur une quatrième part de charlotte au chocolat. Avant de reprendre un dernier petit macaron. Puis vous pleurez parce que vous êtes trop grosse pour sortir seule de la baignoire.
- Vous avez envie de faire l'amour à nouveau après quelques mois difficiles pour cause d'envie de vomir/hémorroïdes/fatigue (rayer la mention inutile).

Du coup, vous harcelez très légèrement le Mâle qui n'ose rien vous refuser. OU vous n'avez pas envie de faire l'amour (votre libido est partie avec votre ventre plat) et vous trouvez mille raisons de dire non au Mâle, qui n'ose pas insister, quel saint homme.

• Vous commencez à penser au shopping bébé : vêtements, meubles, poussette. Vous accumulez les catalogues de puériculture sur votre table basse entre le dernier *Famili* et le *Guide des Jeunes Parents pas-du-tout-stressés*.

• Vous envisagez l'accouchement assez sereinement (il reste encore trois mois) mais commencez à vous dire qu'il va vous falloir une préparation.

• Vous tentez de vous oindre tous les soirs le ventre d'une huile anti-vergetures, mais bien souvent vous oubliez. « Si ça doit craquer, ça craquera », vous rassure votre amie Multi.

Et ces nouvelles rondeurs ?

• Elles sont charmantes et vous permettent enfin de passer devant tout le monde à la caisse prioritaire.

• Elles vous empêchent manifestement de manger proprement puisque vous terminez tous vos repas avec des taches de gras sur le haut du ventre.

• Elles sont habitées et vous ne vous lassez pas de poser votre main pour sentir Nanonain(e).

• Elles ne vous aident pas à dormir et vous passez vos nuits à vous retourner dans tous les sens en pestant. Au petit matin, vous voilà obligée de rouler comme un tonneau pour sortir du lit. Vous êtes merveilleuse de grâce.

Cette période de votre grossesse vous plaît

Vous vous sentez bien et vous n'êtes pas encore dans la dernière ligne droite stressante. Vous connaissez le sexe de votre nain (ou pas d'ailleurs) et vous commencez à reluquer les petits bodys, les pyjamas, les manteaux tout doux et les combinaisons avec une capuche en forme de tête d'ourson. Tout devient « trop mignon » et vous commencez à dresser la liste de ce qu'il va vous falloir pour assurer.

Côté moral, tout va bien même si vous commencez à vous dire que le jour J approche tout doucement et que vous allez enfin (ou encore) devenir maman. Le Mâle n'est pas en reste et vous partagez ensemble craintes et doutes tout en vous mettant d'accord sur quelques grands principes (sur lesquels il faudra vous asseoir, bien entendu).

Vous avez l'air
en forme(s)...

La dernière ligne droite

6/9 mois

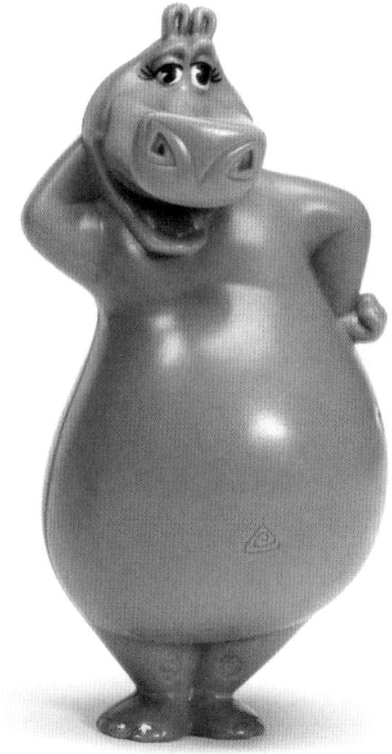

Le roi, c'est moi !

sexe et prénom : Le choix du roi (ou pas)

Enceinte, il y a quelques questions récurrentes qui risquent de vous agacer. Du *« Je peux toucher ? »* qui vous crispe trèèèèès légèrement au fameux : *« Alors ? Vous savez ce que c'est ? Et vous allez l'appeler comment ? »* qui peut vous conduire à des envies de meurtre plus ou moins prononcées.

Souvent, cela se passe comme ça :

— ***Vous savez ce que c'est ? Et vous allez l'appeler comment ?***
— *Hé bien, si c'est une fille, ça sera Cloé.*
— ***Chloé ? C'est joli ça... C'est assez courant mais c'est joli.***
— *Oui, mais nous ça sera Cloé sans H.*
— ***Comment ça ?***
— *Ben... C.L.O.E. C'est tout. Sans H.*
— ***Mais elle va passer son temps à dire « Je m'appelle Cloé-sans-H » la pauvre gamine ! Enfin, c'est vous qui décidez. Et si c'est un garçon ?***
— *Heu... je ne sais pas si je te le dis du coup, vu comme tu viens de me pourrir mon groove avec mon prénom de fille...*
— ***Alleeeeeez, je suis sa grand-mère tout de même, j'ai le droit de savoir !***
— *Ça commence par un A, si tu veux tout savoir.*
— ***A ? Alors j'espère juste que ce n'est pas Amaury parce qu'Amaury c'est un prénom maudit.***
— *...*

Moralité : gardez votre choix de prénom pour vous si vous ne voulez pas être la cible de toutes les réflexions perfides. Une fois le nain né, tout le monde se fera à son prénom et personne ne pourra imaginer l'appeler autrement.

Choisir un prénom, ce n'est pas une mince affaire…

Il vous faut tout d'abord en trouver un qui vous plaise à tous les deux et qui s'accorde avec votre nom de famille. On évite ainsi Marie si on se prénomme Zotto et Benjamin si votre nom de famille est Stère.

N'hésitez pas à vous servir d'un dictionnaire des prénoms ou, encore moins coûteux, d'un bon moteur de recherche. Tapotez : liste prénoms garçon originaux/classiques/littéraires et vous voilà dirigée vers des centaines de forums sur lesquels d'adorables mamans ont, avant vous, dressé des listes interminables de prénoms. Bénies soient elles.

Pour vous mettre d'accord, le Mâle et vous, faites-vous des soirées prénoms avec des listes récitées à voix haute.

Une fois que vous êtes (à peu près) d'accord tous les deux, que vous n'avez pas choisi un prénom trop long (pensez à ce pauvre petit nain qui sera obligé de signer ses dessins Jean-Maximilien) ni un prénom orthographié ridiculement (genre Djaïzonne), restez MUETS lorsqu'on vous demande comment vous comptez l'appeler.

Chut. Ne dites rien. Cela risque d'énerver votre entourage surtout si vous prenez un air suffisant et mystérieux mais ne vous laissez pas embobiner par les yeux de Chat Potté de Belle-Maman et ne lâchez rien.

Si vous avez des aînés, c'est la même chose, on ne donne aucune information car chacun sait qu'un nain ne sait pas garder un secret. Rappelez-vous la fois où Grand Nain a dit à la maîtresse que vous étiez en retard parce que VOUS vous étiez rendormie…

Le mieux, c'est de se taire.
Cela vous évitera :

- Les moues dubitatives et les ***« Ça existe ça ? C'est de quelle origine ? »***
- Les débats de fond le dimanche midi autour de la prétendue mixité du prénom Alix.
- D'apprendre que le prénom Héloïse que vous aviez choisi pour votre fille rappelle à votre mère sa copine grosse du CE2, celle qui sentait mauvais et qui avait des poux de corps.
- Que votre cousine Laetitia vous pique votre idée prénom sans le moindre scrupule alors qu'elle accouche avant vous.

Et pour le sexe du bébé ? On demande ou pas ?

Voilà un choix bien personnel ma foi, qui dépend de votre envie, de votre patience et de votre gestion des éventuelles « déceptions » que peuvent engendrer tel ou tel sexe dans certaines familles. Par exemple, après trois garçons, Multi serait tout de même contente d'avoir une petite fille et préfère donc demander à l'échographiste ce qu'il en est plutôt que de fondre en larmes le jour de l'accouchement. Ne nous méprenons pas, Multi adorera son petit dernier ; mais elle préfère prendre le temps de digérer le fait qu'elle n'aura probablement jamais de fille.

De leur côté, Primi et le Mâle, eux, préfèrent ne pas savoir. C'est leur premier bébé et ils ont envie de la surprise, de cette petite chose qu'on pourrait savoir mais qu'on laisse encore en suspens quelques mois.

Dans votre entourage, certains sont ennuyés, ils voudraient vous offrir des vêtements pour le bébé, d'autres voudraient juste savoir, par curiosité. Alors ils enquêtent : ***« Tu as dit IL, c'est parce que c'est un garçon ? »***. Si vous décidez de faire la surprise du sexe, les gens auront du mal à comprendre que vous faites VRAIMENT la surprise (même pour vous) et n'arrêteront jamais de vous poser des questions pièges. À la question ***« Et c'est quoi ? »***, répondez tout simplement *« Une surprise ! »*.

MOI, SI J'ETAIS VOUS...

– **Gardez la surprise du prénom,** car devant la petite tête fripée et mignonne de votre futur(e) Nanonain(e), personne n'osera vous dire qu'il trouve ça miteux ou moche. Au pire, Belle-Maman trouvera ça original.
– **Et pour le sexe,** c'est comme vous le sentez. Ça peut être une jolie surprise que de découvrir si c'est un garçon ou une fille qui va pourrir vos nuits. Mais ne vous forcez pas et parlez-en avant avec le Mâle car certaines personnes ont besoin de se préparer mentalement à la venue d'un petit garçon ou d'une petite fille, surtout s'il y a une attente particulière d'un des deux sexes.

Faudrait pas m'oublier...

ET LE PAPA DANS TOUT ÇA ?

C'est un texte pour vous, cher Mâle, acteur parallèle de cette grossesse merveilleuse qui a transformé votre chère et tendre en une bien jolie barrique à l'humeur légèrement fluctuante. C'est un texte pour vous, futur papa !

Que vous soyez déjà pourvu de nain(s) ou non, vous ne serez jamais vraiment prêt, aucune grossesse ne ressemblant à une autre.

C'était bien la période d'essai...

Avant que votre femme ne tombe enceinte, vous étiez en période d'essais bébé, vous vous en souvenez désormais avec nostalgie. C'était une période plutôt chouette dont vous avez, je l'espère, profité. En effet, on ne sait JAMAIS comment va évoluer la libido d'une femme enceinte. Elle peut être avide de siestes crapuleuses ou bien vous tourner le dos car elle meurt de fatigue. Elle peut avoir envie de sexe à midi et de vomir vers 13 h. Ne lui en voulez pas, elle fait comme elle peut. Apprenez à dire ***« comme tu veux, comme tu le sens, je suis là »***.

Non non, vous n'êtes pas son esclave (mais presque) et votre femme risque tout de même d'être légèrement pénible vu la dose d'hormones de grossesse qu'elle doit gérer au quotidien.

Elle est JUSTE enceinte...

Le premier trimestre pour vous, c'est quitte ou double. Soit elle n'a absolument aucun symptôme désagréable, soit elle les cumule. Votre quotidien sera donc rythmé par son état de grossesse. Elle va probablement être vaseuse pendant quelques semaines et se traîner en jogging en geignant. Ne lui faites pas de remarques déplacées du genre ***« allez, bouge-toi les fesses quand même, tu n'es pas malade, tu es juste enceinte »*** et évitez également de proposer de la brandade de morue pour le repas du soir. De la même façon, ne râlez pas si vous mangez tous les midis de la pastèque, sachez que la femme enceinte mange ce que son corps lui réclame.

Côté fatigue, ne prévoyez pas trop de sorties de maboules les premiers mois histoire d'éviter que votre dulcinée ne s'écroule sur le canapé de vos hôtes vers 21 h 30. Puisqu'elle ne boit pas non plus, n'organisez pas de beuveries entre amis où elle se sentira désespérément seule sobre, obligée de sourire poliment aux blagues salaces et avinées de votre ami Raoul. N'hésitez pas à proposer des siestes, même si vous n'êtes pas très fatigué, ça vous fera du sommeil d'avance (si seulement le sommeil pouvait se stocker).

Ouiii chérie, j'arrive !!

S'il y a des aînés, cher Mâle, prenez-les en charge pendant ce premier trimestre durant lequel votre Multi va être probablement très fatiguée.
Elle se demandera d'ailleurs comment elle a osé geindre lorsqu'elle était Primi. Vous pouvez donc sans hésiter vous occuper des tâches qui sont plus ardues pour elle en fin de journée : le bain, le repas de nains, et même lui extraire les nains pendant le week-end afin qu'elle puisse faire une petite sieste.

Pendant le deuxième trimestre, la situation devrait se détendre un peu puisque, normalement, les maux et la fatigue s'atténuent. Vous devriez retrouver une femme souriante, pressée de sentir son bébé bouger. Elle ne devrait plus avoir de haut-le-cœur en passant devant un restaurant indien et devrait même avoir envie de petits repas en amoureux. En évitant les tartares et les sushis, bien entendu. C'est également le trimestre où vous devriez prévoir une petite virée en amoureux (la dernière avant l'arrivée de Nanonain(e)) puisque vous pouvez encore prendre l'avion sans crainte, si Docteur Gygy valide l'état du col de Madame, bien entendu. Pas besoin de partir longtemps : un week-end peu lointain ou même une nuit dans un spa, voilà de quoi se recentrer sur la naissance à venir et parler un peu de tout ce qui vous attend.

Le meilleur futur papa de la terre, c'est mooiii !

Il vous faudra ensuite entamer la dernière ligne droite, celle où le corps de votre chérie commence à crier « STOP ». Pendant ces derniers mois, elle fatigue un peu plus vite, a du mal à sortir seule de la baignoire (vous pouvez vous moquer) et peine à trouver une position confortable pour dormir. N'hésitez pas à lui offrir rapidement un coussin d'allaitement, même si elle ne compte pas allaiter, car ce nouveau boudin deviendra son meilleur ami nocturne et vous serez propulsé au rang de Meilleur Futur Papa de la Terre entière. Pour gagner encore quelques points, prenez part aux cours de préparation à l'accouchement, surtout si c'est votre premier. D'abord parce que c'est très intéressant, et ensuite parce que cela permet de se préparer à deux, de rire à deux, de stresser à deux et d'envisager la rencontre à deux. C'est très important pour votre compagne que vous soyez présent durant ces moments-là, tout comme pour les échographies par exemple, car la grossesse fait partie de l'histoire de votre bébé.

Durant les derniers mois, n'oubliez pas de participer activement aux achats pour Nanonain(e) en comparant les prix, en faisant plier et déplier des poussettes aux gentilles vendeuses de chez Tout pour Bébé, en demandant conseils à vos amis Multi, ou en ramenant un soir un petit body taille 1 mois parce que vous aussi vous aviez envie de craquer sur une petite chose. La fin de grossesse peut sembler longue ou pas, selon la situation de votre chère baleine.

Dans la majorité des cas, la grossesse se termine à terme, fort heureusement, dans une ambiance légèrement hystérique et des comptages de contractions presque tous les soirs pour savoir si c'est le bon moment. On reste zen, on vérifie que son pack Mâle est bien prêt pour la maternité et on se repose. C'est pour bientôt…

Je crois qu'il va falloir penser plus grand.

MOI, SI J'ETAIS VOUS...

– Même si l'empathie n'est pas votre qualité première, efforcez-vous de vous montrer compréhensif et attentif pendant cette grossesse. Parlez, acquiescez, soutenez, massez et n'hésitez pas non plus à vous confier. La communication est essentielle pour continuer à avancer.

– Côté intimité, il va vous falloir vous adapter aux humeurs, aux nausées et aux envies de sexe qui ne sont pas toujours au rendez-vous.

Faites
le petit chien!

ELLE EN PENSE QUOI
SUPER SAGE-FEMME ?

La préparation
à l'accouchement

***« Tu sais ma chérie, des millions de femmes ont accouché avant toi. Il est rentré, il arrivera bien à ressortir. Pas besoin de faire ces trucs débiles de préparation à l'accouchement. »* Tatie Relou, mai 2013.**

Certes. Mais croyez-moi, lorsque vous serez en train d'insulter Belle-Maman (rapport à la douleur engendrée par les contractions) tout en broyant la main de ce pauvre Mâle, vous regretterez un tantinet de ne pas avoir appris à visualiser des vagues apaisantes.

Pour vous préparer à mettre au monde votre nain, je suis là, Super Sage-Femme, experte ès baleines et coach de votre grossesse.

Si vous le souhaitez, je suis apte à suivre votre grossesse du début à la fin. Pas que je veuille faire de l'ombre à Docteur Gygy, mais souvent les mères ignorent qu'elles peuvent faire appel à nous de la même manière. Nous pouvons passer à votre domicile pour une consultation, pendant et après la grossesse, et nous n'avons pas besoin de raisons particulières pour cela. Vous avez le droit de nous solliciter, c'est notre métier.

Le saviez-vous ?

La raison pour laquelle vous êtes amenée à nous consulter est souvent pour vous préparer à l'accouchement, et ce dès le 4e mois. En effet, peu de femmes le savent mais vous avez droit à un premier bilan, une prise de contact en quelque sorte, durant ce mois où, généralement, tout va un peu mieux, histoire que nous puissions choisir ensemble une préparation à l'accouchement qui vous convienne. C'est l'occasion aussi de parler des petits soucis de la grossesse, du couple, de vos angoisses en général.
Évidemment, la préparation à l'accouchement n'a rien d'obligatoire mais elle est fortement conseillée. Même si vous avez déjà accouché puisqu'aucun accouchement ne ressemble à un autre. Vous avez dû vous en rendre compte en écoutant les merveilleux récits d'accouchement

de votre voisine/belle-sœur/boulangère, il n'y a pas UNE seule et unique façon d'accoucher.
Ce jour J, on a beau l'imaginer, le rêver, on a beau s'y projeter, sachez que RIEN ne se passera comme vous le prévoyez. Vous rêvez d'un accouchement nature avec des bruits de cascade diffusés doucement pendant vos contractions ? Vous risquez de débarquer, poche des eaux rompue, en hurlant que vous voulez votre péridurale TOUT DE SUITE (notez qu'on retrouve la cascade dans votre scénario). Même si je vous souhaite un merveilleux accouchement, chère lectrice, il vous faut vous préparer à toutes les situations possibles et envisageables. En effet, mille choses peuvent se produire, sur lesquelles vous n'aurez pas forcément de prise. Il faut donc se préparer, discuter, apprendre à gérer son souffle ET ses émotions, canaliser et maîtriser un maximum de paramètres pour savoir vers quoi vous allez (à peu près).

Vous avez droit à votre préparation, alors faites-la!

Une séance, qu'elle se déroule en piscine à faire des apnées ou sur un tapis à entonner des chants prénataux, c'est une heure pour soi, pour son nain, pour y penser, pour se projeter. Loin du quotidien. Certaines séances méritent d'être faites en couple, les papas ayant également beaucoup de choses à raconter.
Et il y a des conseils qui seront bons à prendre pour tout le monde, surtout quand il s'agira d'évoquer le retour à la maison ou bien l'accouchement à proprement parler.

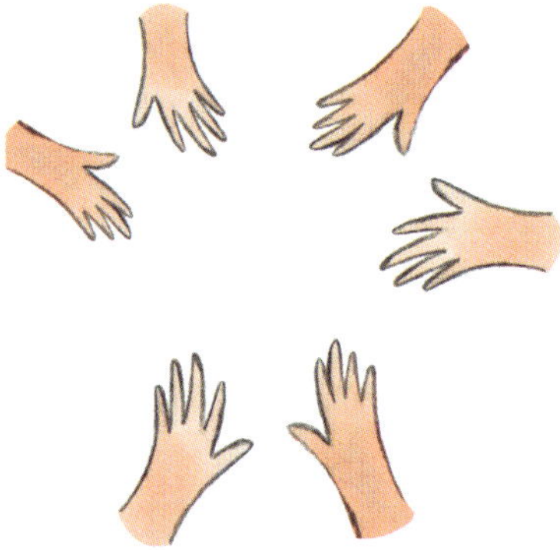

Quelle préparation choisir ?

La préparation classique :
mélange de séances de discussions et d'apprentissages en salle avec séances pour apprendre à se relaxer et à respirer. On y parle glaires et passage de la tête de bébé, on y ricane au moment des démonstrations avec poupon et on y respire, beaucoup, en espérant pouvoir reproduire le même calme le jour J… On peut y poser des questions stupides et comparer son ventre avec celui de sa voisine.

La préparation en piscine : plongée en milieu aquatique, la baleine que vous êtes a toutes les chances de se sentir mieux, plus légère et agile. Vous pourrez ainsi enchaîner des pas de bourrée et des apnées, des longueurs et des petites marches sportives. Cette préparation permet également de se détendre et de se construire des images mentales aquatico-apaisantes.

L'haptonomie : très demandée, cette préparation commence plus tôt que les autres et investit de manière différente la relation parents/bébé. En effet, durant les séances, la sage-femme demande aux parents de créer un lien avec le bébé, d'abord par les émotions, puis par le toucher.
Placer ses mains sur le ventre et essayer de transmettre déjà un peu de ce qui nous liera à cette petite bestiole agitée, voilà un super moyen de se sentir déjà parent.

La sophrologie : ce sont réellement des séances de relaxation et de lâcher prise. Un moment de détente, concentré sur bébé (ou pas d'ailleurs), avec une véritable coupure par rapport à ce qui vous entoure. La sophrologie donne des pistes et des images mentales pour accéder à un état plus zen !

Le yoga prénatal : si vous aimez le yoga, foncez, c'est un vrai bénéfice pour les mamans. Une séance et vous voilà reboostée, étirée, les muscles détendus et les lombaires apaisées.

Le chant prénatal : vous n'allez pas entonner du Jean-Jacques Goldman pour calmer bébé. Non. Vous allez apprendre à maîtriser votre souffle, à respirer avec le ventre, et à sortir des sons afin de vous préparer à l'accouchement : des sons graves, des sons aigus, et des chansons pour de vrai.

L'essentiel est de vous fixer sur une préparation, quitte à faire un peu de « à la demande » en fonction de vos besoins. N'hésitez pas, surtout pour un deuxième enfant ou un troisième à demander à mixer les séances (sauf pour l'haptonomie qui demande des rendez-vous réguliers).

Atchoum !

Tatie Simone avec son doberman ?

Tonton Ambroise et sa collection de tronçonneuses ?

Mais qui va garder Nanonain(e) ?

Votre Nanonain(e) n'est pas encore né(e) que vous pensez déjà à le faire garder. Eh oui, c'est un peu stressant mais il faut commencer à penser aux modes de garde avant même d'avoir son bébé dans les bras. Snif...

La crèche

Lieu sympathique et clos où vous pouvez laisser votre nain en journée. Il y sera bien puisqu'avec plein d'autres nains de son âge sous la surveillance d'un(e) adulte compétent(e). Jeux divers, activités adaptées à l'âge du nain, et prolifération microbienne maximale vous assurant ainsi une visite hebdomadaire chez votre pédiatre. Vous pouvez également opter pour une crèche parentale si vous avez le temps (et l'envie) de gérer les nains des autres de temps en temps. Un poil fatigant pour le nain, les horaires ne sont pas toujours compatibles avec vos emplois du temps de maboules, mais au moins votre petit boulet apprend à prêter son joujou qui fait pouêt-pouêt.

La nounou

Assistante maternelle de préférence agréée : gentille personne dont le métier est de s'occuper des nains des autres même s'ils sont pénibles. Équipée en conséquence (jeux, jouets, peinture, dynamisme) et ravie de voir votre nain tous les jours, elle peut être partagée avec une autre famille, et même venir à votre domicile. Ses horaires peuvent être plus flexibles que ceux d'une crèche et elle peut également garder un enfant légèrement malade. Puisqu'elle garde peu d'enfants, elle peut mieux s'adapter au rythme de votre nain. Elle peut aussi le coller muni d'un bol de chips devant « Oui-Oui », c'est vrai, mais vous n'en saurez rien...

La halte-garderie

Plutôt un mode de garde de dépannage car il est onéreux et ne permet que des gardes occasionnelles. À choisir pour avoir quelques moments de liberté en semaine (hiiiiiiii !) si vous avez fait le digne choix de prendre un congé parental pour vous occuper de votre nain.

Les grands-parents

Si vous êtes en bons termes avec vos parents ou vos beaux-parents et que ceux-ci ont envie de garder leurs petits-enfants, vous auriez tort de vous en priver. La confiance est établie et les nains sont ravis. Ceci dit, la situation peut également devenir légèrement tendue si les grands-parents saturent (on les comprend) ou qu'ils décident de prendre en charge plus d'éducation qu'ils ne le devraient. Mieux vaut les garder sous le coude pour les vacances ou les mercredis, ils en ont soupé des nains (avec vous) alors ne leur demandez pas de rempiler à plein temps !

Si aucune de ces options ne vous plaît, ne vous stressez pas et attendez de voir. Une fois vos places réservées ou vos dossiers déposés, vous pouvez aussi faire marche arrière et décider de rester à la maison pour garder votre adorable Nanonain(e). Ça s'appelle « prendre un congé parental ». Non ce n'est pas payé cher, non ce n'est pas valorisé dans notre société mais on s'en fiche et on assume. Même si on mange des pâtes. Une petite enfance, on n'en a qu'une.

N'hésitez pas non plus à opter pour un temps partiel si vous le pouvez, ainsi vous gardez un pied dans le monde du travail, ce qui est souvent salvateur pour beaucoup de parents puisqu'ils côtoient des adultes et sont stimulés intellectuellement un peu plus qu'en compagnie d'un nanonain (bien que très malin).

Attention gros dossier !

Sein ou biberon ?

Aaaaah, l'éternel débat autour de l'allaitement. Qui n'a pas lieu d'être, soyons d'accord, puisqu'il ne regarde que vous. Et votre conjoint. Mais vous d'abord (mode égocentrique activé). Cela dit, puisque votre grossesse est l'occasion pour tout un chacun de se remémorer son propre vécu, vous n'échapperez pas au fameux *« Et tu comptes l'allaiter ? »* suivi généralement du *« Moi, j'ai adoré ça ! »* ou du *« Moi, je n'ai pas pu allaiter »*.

C'est vous qui décidez !

Comme si l'allaitement restait après toutes ces années la preuve éternelle qu'une mère a bien fait son boulot. Comme si le fait d'avoir allaité (ou pas) changeait vraiment la donne.

L'allaitement est une histoire entre une mère et son enfant et reste un choix très personnel. Cela fait intervenir mille et une choses : le vécu (a-t-on été allaité ?), le rapport au corps et surtout aux seins, le relationnel avec le papa, la pudeur, etc. Mais ne vous mettez pas la pression, car c'est un choix qu'on peut effectuer au dernier moment, selon son envie profonde et viscérale, selon sa fatigue et ses rencontres.

De toute façon, si ça se trouve, vous avez déjà un avis sur la question. Surtout si vous avez déjà eu un ou plusieurs nains. Parce que même si « c'est ce qu'il y a de mieux pour le bébé, c'est l'OMS qui l'a dit » et même si « rien que financièrement c'est un gouffre le lait infantile », c'est un choix.

Inutile de dresser un tableau des avantages et des inconvénients puisque ce n'est fondamentalement pas cela qui décide les mères. Il n'y a pas de combat sein/biberon, il y a des façons de faire qui dépendent de chaque parent, de chaque maman.

Alors oui, allaiter donne de gros seins et toutes les formes de seins peuvent allaiter (sauf avis médical contraire). Allaiter c'est pratique, on dégaine quand on veut et où on veut, on peut allaiter allongée la nuit et se rendormir aussi sec.

Un moment intime assuré…

On garde ainsi son nain tout contre soi, on ne le prête pas à Belle Maman et passé les premiers mois parfois un peu rudes, il s'établit un relationnel un peu particulier avec un nain qui reconnaît le sein et qui fait le mariole. Allaiter, ça permet de voyager plus léger, de s'isoler pour une sieste en prétextant une tétée et ça booste le système immunitaire du nain.

Mais allaiter, c'est aussi entrer dans un monde un peu parallèle. Si tout se passe bien, vous vivez pleinement et sereinement votre allaitement. En revanche, au moindre souci, à la moindre colique du nain, au moindre tortillement de douleur, vous allez vous remettre en question. Si votre nain digère mal, s'il est un peu constipé, s'il a du mal à s'endormir, vous allez stresser et contempler votre assiette en vous disant que c'est de votre faute. Vous allez évincer les protéines de lait de vache et arrêter les oignons, cesser de boire de l'eau gazeuse et vous interroger sur les propriétés digestives des haricots blancs. Bref, allaiter est tout aussi culpabilisant que le reste, alors soyez prête à assumer et surtout à demander de l'aide à celles qui sauront vous écouter et vous conseiller : des mamans qui ont allaité et qui ont de l'expérience, des sages-femmes

en qui vous avez confiance, des conseillères en lactation qui sauront vous guider et remettre les pendules à l'heure sur certaines idées reçues.

Peu importe le lait !

Si vous pensez ne pas allaiter, ne ricanez pas car le biberon n'est pas en reste. Vous allez déjà devoir subir les regards agacés et plein de jugement de celles et ceux qui ont décrété que le biberon faisait de vous une mauvaise mère incapable de donner ce qu'il y a de meilleur pour son enfant. Dès la maternité, vous allez être sujette à certaines réflexions, certains conseils qui vous feraient presque douter. Restez zen. De toute façon, vous allez culpabiliser puisque votre petit(e) Nanonain(e) aura probablement des soirées difficiles lui/(elle) aussi, des pleurs et des rots douloureux. Et vous vous direz *« j'aurais dû allaiter, au moins il n'aurait pas mal »*. Que nenni, ma chère, que nenni ! Et puis avec le biberon, au moins, vous pouvez faire un roulement la nuit, adieu le « chacun MON tour » et vive le papa poussé hors du lit pour cet instant magique de fusion avec son enfant autour d'un bon repas lacté. Le biberon permet en effet de déléguer et ça, c'est un avantage indéniable avec un nain un peu boulet.

Vous l'aurez compris, il ne s'agit pas de dire qu'un des deux choix est plus approprié que l'autre. Il s'agit de faire au mieux. Comme toujours, d'ailleurs, à partir du moment où l'on devient parent.

MOI, SI J'ETAIS VOUS...

– Si vous ne savez pas, si vous hésitez, si vous êtes tentée par l'allaitement mais terrorisée à l'idée de « rater », ne vous mettez pas la pression. Essayez une première mise au sein après l'accouchement et voyez si cela vous convient. Vous pourrez toujours opter pour le biberon par la suite. Même après 5 jours d'allaitement. Le contraire est plus difficile.

– Le propre du parent est de se culpabiliser: que vous choisissiez d'allaiter ou de biberonner, il y aura toujours de quoi vous remettre en question. Soyez certaine d'avoir fait le bon choix au moment où vous aurez pris votre décision. La nourriture, c'est important mais ce n'est pas tout. L'essentiel est ailleurs et vous le verrez bien assez tôt.

ELLE EN PENSE QUOI MULTI ?

S'occuper sur le canapé

Il y a des grossesses qui se passent superbement bien : pas de nausées, pas de fatigue, pas d'hémorroïdes et aucune envie de fondre en larmes devant un petit déjeuner servi au lit – c'est tellement chou que ça me donne envie de pleurer !

Il y a des grossesses que l'on mène jusqu'au bout en continuant à travailler, à marcher, à faire les courses, à sortir, à porter ses autres nains. En se disant qu'on a de la chance d'être en forme, de pouvoir continuer à vivre normalement. Même si vous avez l'impression de vivre avec un pack de lait installé en permanence sur votre ventre, ce sont des grossesses plaisantes car elles ne demandent pas de brutal changement dans votre mode de vie.

En revanche, il y a des grossesses beaucoup moins drôles où les mamans se retrouvent en mode « canapé » bien avant leur DPA (je ne vous ferai pas l'affront de traduire puisque vous êtes désormais une véritable professionnelle du jargon grossesse).

Il y a des fins de grossesse qui se déroulent dans un lit, en position allongée et « SURTOUT vous ne bougez pas sauf pour aller aux toilettes ». Il y a celles qui sont même hospitalisées et au repos total. Gloups.

Les MAP (menaces d'accouchement prématuré) ne sont pas super agréables. Surtout quand, du jour au lendemain, on vous demande de tout arrêter, de rentrer et de vous coucher. Alors c'est toute une logistique à mettre en place (surtout si vous avez des aînés), de l'aide à demander (bien souvent une aide à domicile est octroyée grâce à une prescription médicale) et une famille à faire tourner avec un Mâle qui se retrouve seul à pouvoir marcher, porter et gérer le quotidien.

Et vous ?

Vous voilà en mode grosse loque qui s'ennuie, en mode « je culpabilise » et « je me sens pourrie-moisie ». STOP. Si vous êtes en plus de mauvaise humeur, nous n'allons pas y arriver. Il y a des choses contre lesquelles on ne peut rien et, de toute façon, vous irez de surprise en surprise avec votre nain, autant vous y préparer tout de suite.

Enfin, en attendant, vous vous ennuyez. Vous pourriez regarder la télévision toute la journée, certes, mais vous finiriez par saturer des histoires de bébé des « Maternelles », de la musique de Mo-mo-motus et du feuilleton allemand dramatico-qui-finit-bien de la 6. Il y en a des choses à faire quand on est allongée, mais on tourne souvent autour des mêmes choses : lire, dormir, écrire. Et téléphoner à sa mère pour baver sur sa belle-mère.

Il vous faut de l'occupation !

Quelques idées pour tromper votre ennui en restant calme sur votre canapé :

Ouvrez un blog. Oui, on l'a déjà dit, mais c'est une idée tellement géniale qu'elle mérite d'être répétée. Écrivez, racontez, sortez votre ennui, vos angoisses et vos craintes. Partagez avec d'autres ce que vous vivez et nouez des liens, même virtuels. Il ne faut pas sous-estimer l'importance de ce réseau social que peut vous offrir Internet par le biais des blogs et des forums.

Faites-vous offrir une console de jeux. Si vous aimez ça, bien sûr. Ça vous permettra de passer le temps, de jouer et de ricaner comme quand vous aviez douze ans, une Game Boy et un bon petit Mario Bros. Ne pleurez pas parce que vous êtes vieille non plus...

Optez pour des séries télé, plutôt que de regarder des programmes hautement racoleurs sur la vie d'une famille nombreuse (13 enfants) ou sur la jalousie maladive d'un couple. Il y a énormément de séries, vous n'aurez donc pas de mal à en trouver une qui vous convienne. À acheter, à se faire prêter ou à emprunter à la médiathèque (envoyez-y le Mâle, il n'a rien à faire).

Faites un truc manuel. Si vous êtes douée et longtemps allongée, vous pouvez faire un Baï Jia Bei, couverture pour bébé constituée de 100 morceaux de tissus différents, chaque morceau étant envoyé par une personne différente : famille, amis, connaissances... Si ce projet est trop ambitieux pour vous, contentez-vous d'une toute petite chose : des chaussons en laine qui gratte ou un montage photo pour la chambre de Nanonain(e), par exemple.

Préparez vos faire-part. En voilà une bonne idée ! Et si vous avez opté pour du « tout fait », commencez d'ores et déjà à préparer les enveloppes. Ça vous occupera.

Faites vos listes. De prénoms, d'achats pour bébé, de livres ou de films que vous avez envie de voir, de vêtements que vous avez envie d'acheter, d'idées cadeaux pour les trente Noël à venir. Prenez de l'avance.

En bref, restez allongée un maximum, ce n'est pas le meilleur moment d'une grossesse, c'est vrai. Mais prenez votre mal en patience, et essayez de conserver un rythme correct sans vous enchaîner grasses matinées/siestes/couchers tardifs, sinon vous aurez vraiment le sentiment de vivre une vie parallèle au reste du monde.

Tâchez de faire au mieux, organisez des thés à la maison, jouez à des jeux de société avec vos nains (si vous en avez) ou faites-vous quelques dessins animés en famille. Reposez-vous, de toute façon vous n'avez pas trop le choix. Et reprenez un petit chocolat. Sauf si EN PLUS vous êtes diabétique, auquel cas je vous salue bien bas...

Encore un peu
de patience...

Alpha Bravo Tango Charlie : tout est prêt ?

Le pack nain

Depuis que vous êtes enceinte, vous ne lisez plus aux toilettes le dernier *Marie Claire*. Non, vous feuilletez le hors-série spécial puériculture de *Famili* tout en prenant des notes afin de savoir ce qu'il est de bon ton d'acheter pour votre futur(e) Nanonain(e).

Le nain dort

Lit. Évitez le lit design et préférez un lit classique à barreaux de notre ami suédois. Optez pour un bon matelas. À la place du berceau, prenez la nacelle ou créez un cocon fait maison (serviettes roulées et glissées sous le drap-housse) dans son lit.

Turbulette/gigoteuse/nid d'ange. La turbulette/gigoteuse enrobe le nain et laisse dépasser ses petits bras, tandis que le nid d'ange est un sac à viande. Le nid d'ange est idéal pour les trois premiers mois car il permet de sortir le nain du lit pour une tétée ou un biberon tout en douceur. Plus tard, optez pour des turbulettes et pensez à en prendre plusieurs (un vomi est vite arrivé).

Literie. Tournez avec trois draps-housses et trois alèses.

Écoute-bébé. Pour une utilisation quotidienne, optez pour du matériel de qualité avec longue portée et éventuellement vidéo. Pour une utilisation occasionnelle, prenez un écoute-bébé basique.

Le Cocoonababy. Pratique puisque déplaçable, il contient l'enfant comme dans un cocon. Bien que vraiment léger et confort, il est cher et vite obsolète, surtout si vous avez du gros nain. Mieux vaut se le faire prêter. Idéal, en revanche, si vous avez un tout petit nain, car il sert de transat tant que votre petite chose ne bouge pas (environ trois mois).

Mobile. Vous avez le choix entre un mobile basique à remonter, un mobile qui fait des sons et lumières, un mobile qui se déclenche quand l'enfant bouge (ou quand une mouche passe, donc un peu flippant la nuit). Privilégiez les couleurs criardes et les impressions en noir et blanc car Nanonain étant légèrement bigleux, il est plus sensible aux horreurs tape-à-l'œil qu'au mignon petit nounours tout pâlot.

En vrac dans la chambre : une veilleuse pour vous éclairer la nuit, un doudou mignon (possédé en double) qui deviendra le meilleur ami du nain (après vous), une tétine (on ne sait jamais).

Le nain mange

Allaitement. Quelques bons soutiens-gorge d'allaitement, des coussinets (lavables ou jetables) ainsi qu'une bonne crème pour mamelons (glamour). N'hésitez pas à vous offrir un coussin d'allaitement histoire de caler la bestiole affamée. Le tire-lait manuel ou électrique n'a pas vraiment besoin d'être acheté tout de suite puisqu'on peut en louer un sur simple prescription médicale en pharmacie ou en ligne.

Biberons. Si vous comptez biberonner dès la naissance, choisissez un modèle puis voyez si cela convient au nain. Les plébiscités par les mamans sont les biberons MAM, Avent et Tommy Tippee. Pour les mamans allaitantes qui passent au biberon ensuite, il vaut mieux attendre de voir sur quel biberon Sa Majesté du Nanonain va jeter son dévolu.

Bib'expresso de la marque BEABA. Un gadget qui chauffe l'eau du biberon à la bonne température en quelques secondes. Inutile si votre Nano prend des biberons à température ambiante mais très pratique si vous avez dix biberons à faire tous les jours avec vos jumeaux.

Babycook & Cie de la marque BEABA. Si vous comptez faire du « maison » en petites doses, c'est un bon achat. Ça cuit vite, c'est rapide et clairement moins pénible à laver qu'un gros robot mixeur. Compte tenu du prix de ce petit robot, mieux vaut se le faire offrir. Et si on veut faire plus simple, on achète un bon mixeur bébé et on cuit ailleurs.

Chaise haute. Si votre cuisine est gigantesque, vous avez l'embarras du choix. Les énormes chaises inclinables sont très pratiques pour installer Nanonain(e) dès ses 3 mois, mais les chaises évolutives dureront jusqu'à ses 18 ans (si si) et prennent moins de place.

En vrac dans la cuisine : des assiettes pour nain avec petites cuillères adaptées (à acheter vers les 4 mois de Nanonain(e)), du lait 1er âge si besoin, un goupillon pour nettoyer les biberons et des bavoirs élastiques autour du cou pour éponger les régurgitations.

Le nain se lave

Table à langer. Elle doit se trouver dans la salle de bain si possible, près d'un point d'eau pour laver les fesses du nain autrement qu'au lait de toilette/liniment/eau micellaire. En fonction de la taille de votre salle de bain, vous devrez opter pour un modèle plus ou moins compact. Évitez la planche posée sur la baignoire, vous allez vous bousiller le dos. Et n'oubliez pas le matelas à langer !

La baignoire. Vous pouvez laver Nanonain(e) dans le lavabo les premiers mois ou directement dans la baignoire. Si vous n'êtes pas à l'aise, posez-le dans un transat de bain. Si vous préférez une petite baignoire, optez pour un modèle pliable que vous pourrez emmener en vacances.

Les serviettes de bain. Pour les premiers bains, faites-vous offrir une serviette papillon qui vous évitera de finir trempée. Ensuite, une cape de bain classique fera très bien l'affaire.

En vrac pour le bain : des serviettes-éponges de vile qualité pour mettre sur la table à langer, un thermomètre, des jouets de bain à grignoter (oui Nanonain(e) grignotera avant de jouer), un tapis antidérapant pour mettre sous son petit fessier, du gel douche spécial nain.

Le nain se balade

La poussette. Choisir la poussette est souvent ce qui prend le plus de temps aux parents tant c'est compliqué. Du modèle ultra design à plus de mille euros au pack trio vendu en supermarché en passant par les poussettes doubles (jumeaux), vous avez de quoi y passer de nombreuses heures. Quatre choses à déterminer avant de passer la porte d'un magasin : votre lieu et votre fréquence d'utilisation, la personne qui va l'utiliser le plus souvent et votre budget. Il vous faut avant tout une poussette pratique, qui passe partout où vous allez, qui se plie facilement et qui n'est pas non plus hors de prix (puisque dès 6/9 mois, vous pouvez opter pour une poussette canne qui pèse deux fois moins lourd et coûte beaucoup moins cher). Allez en magasin et ESSAYEZ. C'est ainsi qu'on choisit le mieux. Idéalement, faites-vous prêter la poussette premier âge si vous le pouvez et offrez-vous une super poussette canne !

Un moyen de portage. Pour porter bébé, mille choix s'offrent à vous : du porte-bébé ventral à l'écharpe de portage en passant par le porte-bébé préformé, on ne sait que choisir. L'essentiel est de pouvoir garder son petit contre soi les premiers mois car il a bien souvent besoin d'être rassuré. L'idéal ? Une écharpe pour les premiers mois, puis un porte-bébé préformé (portage ventral puis dorsal).

Le lit parapluie. Lit de voyage permettant d'avoir une vie sociale, de partir en vacances, de coucher le nain où qu'on soit. Si vous comptez l'utiliser beaucoup, prenez un BON lit parapluie et pas celui à 39 euros de la foire à la puériculture en supermarché. Pour les tout-petits, ne vous embêtez pas : la nacelle de votre poussette fera très bien l'affaire.

Siège auto. Normalement, jusqu'à ses 6/9 mois, votre adorable nain voyagera en nacelle et/ou cosy vendu avec la poussette. Une fois que le nain sera trop grand pour son cosy, procurez-vous un siège auto du groupe au-dessus en magasin. Privilégiez une période de soldes, c'est toujours moins violent pour le porte-monnaie.

En vrac pour se balader : une planche pour les aînés à accrocher à la poussette 1er âge du nouveau-né, une super couverture enveloppante pour sortir Nano par tous les temps, et un merveilleux sac à langer (faites-vous plaisir, il en existe des sublimes).

Le nain joue

Transat. Ce « repose-nain » très utile vous permettra de prendre une douche, d'aller faire pipi et de manger un carré de chocolat sans votre nain dans les bras. À prendre avec une arche d'éveil pour amuser la galerie, et en hauteur si on a des animaux à la maison.

Parc ou nid d'éveil. Voilà typiquement un achat à faire une fois que votre nain est plus grand. Tant qu'il est petit, il jouera dans son transat ou sous une arche d'éveil posée sur une couette par terre.

Le matos nain

Des couches. Un paquet de Newborn. N'en prévoyez pas des wagons si vous avez un dodu, car vous passerez vite à la taille au-dessus.

Des produits de toilette. Coton lavable ou jetable, liniment ou eau nettoyante, savon pour nain, ciseaux à bouts ronds, thermomètre, sérum physiologique.

Les vêtements des premiers mois. Des bodys à gogo (prenez du 1 mois surtout) qui s'ouvrent sur le devant et des pyjamas. Optez pour du confortable plutôt que pour du chic.

Du joujou. Commencez par des hochets très légers, des bestioles à suspendre au cosy et des anneaux de dentition.

et des jumeaux ?

À l'échographie, il vous semblait bien que ces deux petits sacs n'étaient pas les yeux du bébé. Vous avez tenté une boutade. Vous avez hoché la tête bêtement. Vous avez visualisé les nuits. Le Mâle a visualisé le changement de voiture. Vous avez ricané nerveusement.

Il y en a deux...

Attendre des jumeaux est un parcours étonnant, et ces quelques pages ne vous diront jamais à quel point c'est difficile, merveilleux, épuisant et fantastique. Mais tentons tout de même d'établir quelques menus conseils pour vous, heureux parents qui allez devoir mettre les bouchées doubles. Ah oui, préparez-vous à ce genre de jeux de mots super ringards : les gens adorent faire des blagues sur les jumeaux. Surtout si ce n'est pas drôle, type ***« salut les clones ! »***.

Faire d'une pierre deux coups !

Votre grossesse commence donc par un petit moment de flottement à l'échographie et se poursuit par un léger moment de solitude lorsque vous annoncez la (bonne) nouvelle à la famille. Surtout si vous êtes déjà parents de trois enfants (gloups). Une fois Mamie rassurée et Tatie Relou rembarrée, vous pouvez profiter pleinement de votre grossesse ultra-suivie et un peu plus médicalisée que la normale. À vous les échographies et les touchers vaginaux, à vous les rendez-vous tous les quinze jours et angoisses de perte des deux bébés. Vous allez vivre votre grossesse un peu plus fortement que les autres en fait, et cela risque de se voir au niveau du ventre (circonférence maximale) et de vos cernes (fatigue maximale). Tout va être plus difficile pour vous, les nausées, l'épuisement et les maux de la « loose ». Mais en même temps, vous portez doublement la vie, c'est assez merveilleux.

Pour le matériel de puériculture, reportez-vous au pack nain et là encore, doublez les doses !

Votre accouchement...

Bien souvent, un accouchement de jumeaux se fait par césarienne, alors essayez de vous y préparer. Si vous accouchez par voie basse, n'espérez pas un accouchement naturel durant lequel vous entonnez des chants, accompagnée par le Mâle en pagne qui agite des grelots. Non. Vous risquez d'être nombreux dans la salle : les puéricultrices, Docteur Gygy, Super Sage-femme (voire deux) et quelques élèves si vous êtes chanceux. Allez, on ne se stresse pas, ce n'est pas l'essentiel après tout.

Apprenez à répondre *« oui oui »* au fameux ***« Vous êtes énorme dites donc ! Il y en a deux au moins ? »***, et n'oubliez pas de vous préparer à l'accouchement, d'autant que vous risquez d'accoucher avant terme (mais vous pouvez aussi accoucher à terme en mode baleine échouée).

Concernant les démarches, pensez à choisir un mode de garde et cela assez tôt puisque vous aurez deux nains à caser. De la même façon, essayez d'être très organisés avec le Mâle afin d'être prêts à partir du 7e mois à l'éventualité d'un accouchement : faites le stock de couches, coton, lait (si vous n'allaitez pas) et préparez une valise de compétition pour la maternité (doublez les doses de vêtements pour nains).

Une fois remontée dans la chambre, gloups, vous voilà face à deux petits rigolos qu'il va falloir réussir à gérer. Les visites nombreuses vont finir par vous achever : ***« Oh, alors celui-là c'est lequel ? »*** et vous n'aurez qu'une envie : DORMIR. Ahahaha ! Pardon mais ce n'est pas pour tout de suite.

En deux coups de cuillère à pot...

En effet, le retour à la maison risque d'être plutôt sport. Il va vous falloir une bonne dose d'organisation et de zénitude pour traverser le tunnel des six premiers mois. Inutile de vous préciser qu'il va vous falloir former une sacrée équipe avec le Mâle, opérationnelle nuit et jour d'ailleurs.

Le maître mot de ces premiers mois va être : simplification. N'essayez pas d'être des parents parfaits, essayez juste de survivre au manque de sommeil et à la logistique. Vous donnez les biberons aux deux nains en même temps tandis qu'ils sont dans leurs transats ? Au moins ils ont mangé et vous leur donnerez à tour de rôle dans vos bras pour le prochain repas. Ils pleurent alors que vous mourez d'envie de prendre une douche ? Allez prendre votre douche deux minutes, un bébé peut pleurer deux minutes (tandis que votre odeur est assez incommodante).

Ne refusez aucune aide et demandez-en : faites-vous apporter des petits plats par votre maman, faites-vous faire un brin de ménage par Belle-Maman et utilisez le Drive et la livraison à domicile pour les courses.

Oui, oui,
ce sont des vraies !

MOI, SI J'ETAIS VOUS...

– **Au-delà de la logistique** qui va, effectivement, être difficile, il va vous falloir trouver du temps pour chacun de vos deux nains. Essayez de le faire, en alternant les nains. Vous pouvez faire des choses un jour sur deux (le bain) ou bien des virées séparément avec l'un ou l'autre.
– **Ne vous angoissez pas. Vous y arriverez.** Et vous verrez, en avoir deux, c'est très chouette. Côté jeux, côté amour, côté partage et côté complicité. Vous dormirez plus tard.

BILAN 6/9 MOIS

On tient le bon bout !

Ce sont vos derniers mois de grossesse et ça se sent. Vous approchez du terme petit à petit et vous commencez à angoisser très légèrement. Vous avez pris 19 kilos mais continuez à affirmer à vos amies que vous en êtes à 12. D'ailleurs, vous allez cesser de vous peser durant ces trois derniers mois puisque c'est le bébé qui prend tout.

Cette dernière ligne droite est celle où vous allez cesser de travailler (youpi), où vous allez faire vos derniers examens (prise de sang, dernière échographie) et où vous commencez à projeter plus nettement ce que va être la vie avec votre Nanonain(e).

Selon votre état, vous profitez (ou pas) de votre congé de maternité. Certaines, très en forme, font un « shopping-nain » de folie, se prélassent au spa, vont au cinéma et au restaurant. D'autres, complètement cuites, ne pensent qu'à siester sous leur couette toute la journée.

Faites ce que vous avez envie de faire !

Le congé de maternité n'existe pas pour rien alors STOP, on s'arrête. Croyez-en l'expérience : vous n'aurez pas de médaille et personne n'est irremplaçable. Lâchez le boulot et pensez à vous, ce sont des moments qui ne reviendront pas. C'est également le moment de signaler au papa qu'il doit poser ses dates pour un congé de paternité. Il a droit à 14 jours, et même si vous pensez qu'il vaut mieux les cumuler avec des vacances, l'expérience prouve qu'un retour à la maison avec le Mâle en congé est un retour à la maison beaucoup plus réussi et surtout moins angoissant.

Vous êtes grosse, c'est un fait. Vous roulez pour sortir du lit et votre ventre surnage lorsque vous prenez un bain. Nanonain(e) fait des toc-toc, des boum-boum et vous vous amusez à filmer ce ventre qui ondule de manière légèrement flippante. Ne pleurez pas quand on vous demande si vous êtes à terme (alors que vous rentrez dans votre 7e mois) et ne tapez pas non plus d'un air agacé toutes ces mains qui se tendent vers votre ventre avant même de vous saluer.

Prenez le temps de faire votre préparation à l'accouchement, quelle que soit la formule choisie, et posez alors toutes les questions qui vous taraudent, même celles qui vous semblent (et qui sont) stupides.

Ne zappez pas vos derniers rendez-vous médicaux : c'est pénible mais vous serez contente d'avoir vu l'anesthésiste avant d'accoucher si vous optez pour une péridurale le jour J.

Vous êtes de plus en plus énorme et vous n'êtes pas superbement à l'aise au quotidien. Si certaines se débrouillent mieux que d'autres côté souplesse, il arrive parfois que la circonférence ventrale vous empêche de faire des choses basiques comme nouer vos lacets ou vous couper les ongles de pied. Essayez de déléguer un maximum ce qui peut l'être !

Vous dormez moyennement bien (voire super mal) : des insomnies qui vous poussent à aller faire du repassage de mini-bodys en pleine nuit, des contractions qui peuvent vous faire croire que c'est le jour J (mais non en fait), un Mâle qui vous réveille en vous arrachant votre coussin d'allaitement… BREF. Siestez si vous le pouvez et faites aussi des grasses matinées. Pour les Multi, c'est le moment de ronfler pendant la sieste du petit dernier ou de confier les grands au Mâle pour quelques heures histoire de souffler.

Côté intimité et sexe, ça commence à être un peu difficile de faire autour de cet énorme ventre. Certaines auront également peur de déclencher un accouchement prématuré et préféreront s'abstenir. N'ayez crainte et sauf avis médical contraire, vous pouvez tout à fait continuer à pratiquer la position de la crevette thaïlandaise !

N'oubliez pas d'aller faire une reconnaissance anticipée de Nanonain(e) en mairie : oui, c'est pénible d'aller faire le poireau avec son ventre énorme mais vous éviterez ainsi au Mâle une virée administrative le lendemain de la naissance de votre petit(e) chéri(e). Ce n'est déjà pas très marrant toutes ces démarches, alors imaginez votre pauvre Mâle, ticket de boucherie entre les dents, yeux cernés après une nuit blanche d'accouchement, insulter la dame de la mairie parce qu'elle a écorché son nom de famille.

Faites le plein : de couches, de coton, de plats surgelés. Soyez prêts à vivre en autarcie pendant quelques semaines. Soyez organisée. Vous serez ravie de ne pas avoir à déplacer votre entrejambe douloureux au supermarché du coin pour vous sustenter en couches spéciales micro fessiers.

Ça va, ça va !
J'arrive !!

Accouchement et séjour à la maternité

Quand faut y aller...

... faut y aller !

La liste n'est pas exhaustive...

Elle est prête ta valoche ?

Une fois que vous aurez accouché, vous le savez, vous allez devoir passer quelques jours à la maternité. Ce petit séjour ne sera clairement pas le meilleur moment de votre vie. Non. Accoucher, c'est passer de l'état de grâce à l'état de graisse. Il faut donc atténuer le choc des premiers jours en se concoctant une valise de maternité au top, histoire de ne pas trop déprimer dans votre chambre surchauffée.

Il y a autant de valises de maternité que de femmes. Certaines pourront rester quatre jours en pyjama sans aucun remords, d'autres apprécieront de se vêtir et de se maquiller légèrement. Vous trouverez donc ici une liste très longue, mais à vous de faire le tri entre ce qui vous semble primordial et superflu et selon ce qui vous sera fourni à la maternité.

Inutile de vous rappeler qu'il faut préparer sa valise aux alentours de 7 mois et demi/8 mois. Repoussez un peu le moment si vous ne vous sentez pas prête, mais essayez tout de même d'avoir commencé vos achats à ce moment-là, histoire de pouvoir les glisser dans la valise si vous devez partir en urgence.

L'étoile * indique une chose qui peut paraître futile mais qui ne l'est pas.

Pièces administratives

(à glisser dans une pochette et à avoir sur soi)

- Votre carte de groupe sanguin.
- Votre Carte Vitale (et carte de mutuelle).
- Une reconnaissance anticipée (ou le livret de famille).
- Les résultats de vos derniers examens de laboratoire.
- Les comptes-rendus d'échographies.
- La fiche d'inscription à la maternité (si besoin).

Ne nous oublie pas!

Pour le jour J

- Un brumisateur d'eau minérale.
- De la lecture : un magazine peu intellectuel et/ou un bon polar.
- De la nourriture pour le conjoint* ainsi qu'un change s'il passe la nuit auprès de vous.
- De la monnaie (machine à café pour le papa ensommeillé).
- Un lecteur MP3.
- Un coussin d'allaitement.
- Des chaussettes non ridicules (la péridurale donne froid aux pieds).
- Un appareil photo.
- Un téléphone ET son chargeur.

Pour vous dans la valise

Côté vêtements :

- Des culottes en coton (une taille au-dessus de votre taille habituelle). Parfois la maternité fournit des slips filets bien pratiques mais on a vite envie de coton...
- Des chaussettes.
- Une paire de chaussons (pas ringards) ou des tongs (pour la douche).
- Deux ou trois pyjamas (éventuellement d'allaitement).
- Un ou deux pantalons de jogging (ou pantalon mou, large, confortable, à taille élastique qui ne serre pas).
- Un pantalon de grossesse (pour la sortie, parce que NON vous ne pourrez pas remettre votre jean étalon).
- Des hauts légers parce qu'il fait toujours 50 °C dans les chambres des maternités.
- Un soutien-gorge d'allaitement (voire deux, achetés avant l'accouchement, une taille au dessus) et les coussinets d'allaitement (si allaitement).

Côté hygiène et soin :

- Une crème anti-crevasses mangeable par le nain.
- Des serviettes hygiéniques (épaisses).
- Une trousse de toilette avec du shampooing, du gel douche, LE Saugella vert (antibactérien), une crème de jour, du déodorant, une brosse à dents et du dentifrice, un gommage pour le visage éventuellement.
- Du vrai papier toilette* (ça peut paraître bête mais glissez tout de même deux rouleaux dans votre valise, au cas où).
- Un peu de maquillage (le minimum) avec une crème de jour un peu teintée.
- Un sèche-cheveux (voire un lisseur pour celles qui ne peuvent vraiment pas s'en passer).
- Une grande serviette de toilette (ou un peignoir si les douches sont hors de la chambre) et deux ou trois petites.
- Un petit tapis de bain* (ou une serviette moche qui sera dédiée à cet effet).

Les petits plus :

- Une lampe de chevet, ou une petite veilleuse* pour les biberons/tétées de nuit. Parce que le néon de la chambre à trois heures du matin, c'est juste l'angoisse.
- Un oreiller de chez vous (ceux de la maternité sont en plastique).
- Des patchs lissants anti-fatigue au bleuet* (Klorane) à mettre dans le frigo de la chambre et à appliquer sous les yeux fatigués.
- Un sac pour le linge sale (plusieurs sachets en plastique à donner au papa).
- Des trucs à grignoter* (fruits secs, bonbecs, saucisson, chocolat, boissons sucrées, andouillettes ??).
- Une bouilloire pour les accros au thé/tisane.
- Des magazines crétins (à accumuler pendant le 9e mois de grossesse).
- Un petit carnet pour noter les heures de tétées, selles et compagnie.
- Des sous !
- Une radio pour celles qui ont du mal avec la télé.

Pour Nanonain(e)

- Une tenue de naissance.
- Six à huit pyjamas parce qu'il y a souvent des petits accidents...
- Six à huit bodys à manches courtes ou longues, selon la saison, mais de préférence qui se ferment sur le devant.
- Une ou deux tenues chic pour les photos (si on le souhaite).
- Un bonnet en coton.
- Deux ou trois paires de chaussettes.
- Une turbulette ou un nid d'ange, au choix.
- Un lange en tissu pour les régurgitations.
- Un joli nounours, un doudou, un nin-nin. Surtout pour faire accessoire sur les photos de la maternité.
- Une tétine (si on le souhaite).
- Des couches taille micronain (si la maternité n'en donne pas).
- Des cadeaux pour les autres nains si vous avez des aînés. Une petite attention (et de quoi les occuper pendant qu'ils vous rendent visite).

N'oubliez pas non plus, avant de partir pour ce fabuleux séjour, de :

- vous épiler les jambes,
- briefer votre cher et tendre sur le fonctionnement de certaines choses (genre les bodys de la petite dernière sont ceux de la troisième pile du quatrième tiroir en haut à gauche en partant du second en haut à droite),
- prévoir pour le jour J un mode de garde pour vos autres nains (si vous en avez).

Ça sent bizarre ou c'est moi?
C'est l'andouillette, je crois...
On est serrés là-dedans!

Je crois que je vais me faire les vitres…

accoucher avant
parce qu'on en a marre

À force de répéter à tout le monde que Nanonain(e) « arrivera avant j'en suis sûre », vous vous retrouvez bien cruche à répondre aux trente SMS quotidiens qui vous demandent si vous êtes à la maternité. Si vous ne donnez pas de nouvelles sur votre blog, vos copinautes vous envoient des messages privés pour savoir si c'est le jour J (avec des hiiiiiiiiiii et des ???? dans le contenu du message).

Vos amis ne vous disent même plus ***« Bonjour »*** mais ***« Alors ? Toujours là ? »*** et vous-même commencez à trouver le temps long. Surtout si c'est votre premier, soyons honnêtes. Parce que si vous êtes Multi, vous avez toujours de quoi vous occuper et vous priez en silence pour que Nanonain(e) n'arrive pas trop en avance.

En attendant Nanonain(e)

Bref, le temps est un peu longuet en cette fin de grossesse pour nos amies Primi, et même s'il y a mille petites choses à faire pour vous occuper, vous n'avez qu'une envie : voir votre bébé. Ne soyez pas SI pressée et ne pronostiquez pas une naissance avant terme, vous seriez déçue.

Non, non, profitez-en pour faire vos enveloppes de faire-part, pour finir de ranger les microcouches dans le petit sac à couches en laine de zébu malade tricoté par Tatie Relou, pour grignoter un dernier petit carré de chocolat fourré aux calories puisque bientôt vous serez contrainte de faire attention.

Oui mais tout cela, ça va un moment. Arrivent les trois dernières semaines et là, vous n'en POUVEZ PLUS ! Vous saturez, vous geignez que vous avez mal au dos, et vous espérez secrètement que bébé arrive en avance même si vous assurez à tout le monde qu'il est bien mieux au chaud. C'est le timing idéal pour vous surprendre en train de taper ces quelques mots sur votre moteur de recherche préféré : « astuces pour accoucher avant ». Ce n'est pas la peine de nier, c'est tout naturel.

Astuces pour accoucher vite

Faire le ménage comme une psychopathe. Il paraît que faire un petit nid tout propre pour son petit oisillon (ce que c'est niais) aiderait à accoucher plus vite. Mouais. C'est surtout que la femme enceinte s'ennuie et n'a plus rien d'autre à faire que le ménage. C'est aussi que la femme enceinte développe des phobies très étranges pendant sa grossesse et ne supporte pas qu'une miette de pain traîne dans sa cuisine. D'où un ménage effréné. Pas de panique, bébé n'arrivera pas plus vite si tout est propre, alors vous pouvez continuer à manger des cracottes au chocolat sur le canapé et à râler parce que le Mâle disperse ses chaussettes dans toute la maison.

Boire de la tisane de framboisier, manger de l'ananas ou des dattes : oui, bon. Si vous avez envie de tester les astuces culinaires, faites-le évidemment, mais rien n'a été prouvé de ce côté-là. En revanche, rien ne vous empêche d'affirmer à votre cher Mâle que la prise quotidienne de mousse au chocolat favorise l'ouverture du col.

Adopter la méthode à l'italienne, que l'on cite accompagnée d'un traditionnel « *huhuhu* » car elle suppose que vous ayez des relations sexuelles pour déclencher l'accouchement. Bien évidemment, vous pensez bien qu'une telle méthode (comme celle du ménage d'ailleurs) a été inventée par un Mâle. En même temps, voilà une idée plutôt sympathique, non ?

Essayer l'acupuncture et l'homéopathie. À vous de prendre rendez-vous avec un professionnel compétent afin de lui suggérer de vous planter des aiguilles ou de vous donner les bons granules.

Marcher pour faire descendre bébé et accoucher un peu en avance, il suffirait de s'y mettre. Certes, marcher accélère le travail mais encore faut-il qu'il ait commencé. Inutile donc de vous astreindre à faire trente-huit kilomètres par jour en montée, ça ne sert à rien. En revanche, une petite marche quotidienne ne vous fera pas de mal, surtout si vous avez usé de la ruse « mousse au chocolat » susmentionnée.

Faire une virée en voiture type « Rallye des tarés ». J'entends par là se faire une petite promenade en voiture en prenant volontairement tous les dos d'âne à 50 km/h, tous les nids de poule, et tous les virages en se penchant sur le côté. Ceci est clairement une astuce déconseillée du fait de sa dangerosité, sans compter que vous risquez de ruiner votre voiture en montant comme une furie sur les trottoirs. Astuce sponsorisée bien évidemment par Bébert, votre garagiste qui vous trouve toujours quelques « petites choses » à remplacer sur votre voiture alors que vous l'ameniez pour une simple vidange.

MOI, SI J'ETAIS VOUS...

– **Oui, la fin de grossesse peut paraître longue à certaines.** Sachez qu'une fois votre Nanonain(e) dehors, vous aurez parfois envie de le(la) recoller dedans ! Pensez aux futures nuits pénibles et recouchez-vous pour une sieste.

– **De toute façon, il n'y en a qu'un qui décide** et c'est celui qui trouve qu'il est tout de même assez tranquille dans sa baignoire, à l'abri des mains crasseuses de ses aînés ou des doigts crochus de Tatie Relou.

– **S'il y a une date à laquelle vous n'avez pas envie d'accoucher** parce qu'elle représente quelque chose de triste pour vous, soyez presque sûre que votre bébé choisira cette date-là pour pointer le bout de son nez. Histoire d'inverser la tendance...

Le jour J,
quand faut y aller, faut y aller !

Il va falloir y aller, vous le savez. Ce moment, vous l'avez rêvé tant de fois, il vous angoisse et en même temps il vous ravit. Vous avez super mal mais vous avez le sourire aux lèvres, vous jetez des regards complices et un peu terrifiés à votre fidèle coéquipier, le Mâle, qui tente de garder son calme mais qui bouillonne à l'intérieur. Il va falloir y aller et tourner la clé dans la serrure en se disant que la prochaine fois que vous franchirez cette porte, ce sera à trois, à quatre, voire cinq ou plus encore.

Bien sûr, vous allez vous demander mille fois si c'est le bon moment, si c'est le jour J, si on ne va pas vous renvoyer chez vous avec écrit en rouge sur votre dossier : « Attention, cette patiente est un gros boulet qui ne sait pas reconnaître une vraie contraction de travail ».

Pour vous éviter la honte intersidérale, relisez ces quelques signes qui doivent vous faire partir à la maternité :

Vous avez rompu la poche des eaux : vous allez vous en rendre compte rapidement puisque vous inondez vos vêtements et le canapé sur lequel vous êtes assise. Votre visage se décompose (car vous avez peur d'avoir fait pipi) et vous vous précipitez aux toilettes. Gloups, à chaque pas cela dégouline sur votre jambe (et le parquet). Peu importe la rupture (franche ou juste fissurée), il faut y aller. Pensez à regarder la couleur de l'écoulement – miam (dans une douche par exemple), au cas où il serait légèrement teinté (jaune, visqueux, verdâtre) car il faudra le signaler à l'équipe médicale qui vous accueillera. Quoi qu'il en soit, vous avez à peine le temps de vous doucher rapidement et de vous habiller avant de filer ; on ne reste pas avec une poche ouverte car il y a un risque d'infection.

Pensez à mettre une serviette hygiénique taille night en partant si vous ne voulez pas pourrir la voiture. Et prenez un change à portée de main.

Vous avez des contractions :
les contractions d'accouchement sont régulières et augmentent en intensité, avec un intervalle qui se réduit et un ressenti qui augmente malgré la prise de Spasfon. Si vous commencez à en baver dans le dos, si vous ne riez plus aux blagues douteuses du Mâle et que vous avez envie d'insulter Belle-Maman, c'est que c'est sûrement ça. Si vous avez des contractions toutes les cinq minutes depuis 1 h 30, partez à la maternité. Si vous avez déjà accouché rapidement auparavant, partez dès que c'est très régulier à moins de vouloir mettre au monde Nanonain(e) sur votre tapis de bain bouclette.

Comment passer le temps avant d'aller à la maternité

Prenez un bain si vous n'avez pas rompu la poche des eaux. Évitez de le faire si vous êtes seule et que vous avez très mal. Mettez de l'eau bien chaude et appelez le Mâle à la rescousse pour ressortir dignement de la baignoire.
Grignotez un peu car si c'est effectivement le jour J, vous risquez de ne plus rien ingurgiter pendant un moment. Passez ce message au Mâle également.
Optimisez votre départ en préparant les petites choses dont votre conjoint pourrait avoir besoin en votre absence, surtout si vous avez des aînés, car parfois les papas perdent un peu leurs repères avec le rush de l'accouchement. Ceci est une manière polie de dire qu'ils sont légèrement perdus sans vous.

Peaufinez votre valise en vérifiant que vous avez tout. Ajoutez-y une tablette de chocolat. Et préparez celle des aînés ou du papa (nourriture et compagnie) afin de partir le cœur léger.
Faites un peu de relaxation : si vous avez un gros ballon, c'est le moment de faire vos exercices de baleine dessus. Sinon, n'hésitez pas à prendre des positions ridicules (on dit antalgiques) tout en poussant des soupirs concentrés. Il paraît que ça aide un peu…
Épilez-vous si ce n'est pas déjà fait, c'est toujours désagréable d'arriver en mode yéti à la maternité. La douleur de l'épilateur, c'est du pipi de chat à côté de ce qui vous attend.
Passez un coup de fil à une amie, ou à votre maman.

Et respirez !

Pensez à adopter une respiration bien calme, bien sereine, bien large en expirant le plus longtemps possible. Les contractions de début de travail sont assez espacées, pensez à récupérer entre chacune d'elles. Visualisez des paysages calmes, des bords de mer, des moments heureux (quand Belle-Maman quitte la maison)… Du zen, quoi ! L'essentiel est de se mettre dans sa bulle quitte à avoir l'air totalement maboul.

Pour vous soulager, utilisez un ballon de grossesse sur lequel vous pourrez vous asseoir, vous balancer d'avant en arrière et même vous étendre le plus loin possible en avant (les mains posées sur le ballon, le buste penché, vous allez loin comme si vous plongiez, cela détend le dos pendant les contractions). Si vous n'avez pas de ballon, appuyez-vous dos au mur, utilisez votre conjoint, bref, trouvez VOS positions ridicules (on dit antalgiques).
Si vous le pouvez, allez marcher en compagnie du Mâle. Il n'est pas question d'aller randonner dans un bois glauque à la nuit tombée mais plutôt d'aller vous promener tranquillement (dans les environs de la maternité) histoire de vous changer les idées et d'accélérer le travail. Si vous pouvez monter et descendre des marches, c'est encore mieux.

MOI, SI J'ETAIS VOUS...

– **Pour un premier nain,** ne foncez pas tout de suite à la maternité, attendez que vos contractions soient vraiment rapprochées de 5 minutes, sinon vous risquez de devoir patienter longuement en salle d'attente. Et de pleurer lorsque la sage-femme vous annoncera que vous n'êtes dilatée que de deux centimètres.
– **Si vous avez d'autres nains,** envoyez le Mâle les confier aux grands-parents, amis, nounou ou crèche (selon l'heure). Demandez-lui éventuellement de vous déposer près de la maternité au cas où le travail s'accélère.

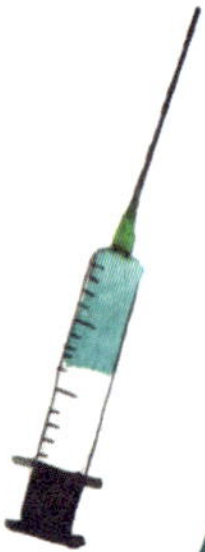

ne POUSSEZ PLUS...

Poussez madame...

Votre accouchement vous l'avez rêvé des millions de fois et vous vous y êtes préparée comme vous le pouviez. Vous avez appris à respirer doucement, à souffler comme un caniche malade, à faire le vide et à vous relaxer. Vous dites encore *« j'aimerais ne pas avoir de péridurale »* à ceux qui vous posent la question, sauf si vous êtes Multi, auquel cas vous risquez de ricaner en annonçant *« on verra on verra »*.

Vous aurez beau faire un projet de naissance, vous aurez beau vouloir un accouchement dans l'eau ou un accouchement sans douleur en vous auto-hypnotisant, il n'est pas dit que les choses se déroulent comme vous l'aviez imaginé.

Accoucher par voie basse

Accoucher par voie basse reste l'accouchement le plus fréquent et celui auquel toutes les femmes (ou presque) aspirent. Pour vous résumer brièvement, voici comment peut se dérouler un accouchement par voie basse.

Vous arrivez à la maternité parce que vous n'en pouvez plus. Vous avez réussi à gérer vos contractions chez vous, dans un bain ou sur un ballon. Pendant le trajet en voiture, le Mâle a pris deux nids de poule et vous lui avez collé une beigne (en pleurant). Vous geignez et vous tentez de respirer comme vous avez appris aux cours de préparation mais en fait, ça fait vraiment SUPER mal.

Dans la salle d'attente, vous n'êtes pas seule... et vous piétinez en chouinant. La sage-femme qui vous ausculte vous annonce que vous êtes dilatée à presque 4 (si vous êtes veinarde) et vous demande si vous souhaitez une péridurale. C'est le moment où, chez la majorité des femmes, la phrase ***« j'aimerais ne pas avoir de péridurale »*** est totalement reléguée aux oubliettes et que vous gémissez un *« ouiiiiiiiiiii »* tout en pensant *« je suis trop nulle mais j'ai trop mal »*.
Ne vous en faites pas, l'anesthésiste n'arrive pas tout de suite et vous avez largement le temps de broyer la main du Mâle tout en insultant Belle-Maman. Une fois que vous avez subi l'épreuve du rentré de grosse aiguille dans le dos

(mais à ce stade-là on pourrait vous percer le dos avec un pic à brochette que vous ne broncheriez pas), vous commencez à être totalement zen et presque droguée.

Si vous avez opté pour le pas-de-péri, sachez que vous allez avoir mal mais que vous pourrez dire ensuite *« je l'ai fait »*. Et faire partie du gang des lionnes. Quoi qu'il en soit, arrive le moment ridicule où vous devez pousser. Vous commencez comme une malade en devenant rouge écarlate. Puis, vous vous souvenez dans les brumes de votre cerveau de votre dernier cours de préparation et là, vous poussez vraiment.
Arrive le moment où on vous dit ***« arrêtez, ne poussez plus »*** et vous prenez votre bébé, tout chaud, tout gluant et à l'odeur si particulière. Le reste vous appartient...

La césarienne

Pratiquée en urgence pendant un accouchement qui avait pourtant commencé de manière classique, ou programmée pour raisons médicales (voire convenance mais c'est plus rare), la césarienne est, pour beaucoup de femmes, une épreuve difficile à surmonter tant physiquement que moralement. Selon le type de césarienne et l'hôpital choisi, le papa pourra être présent au bloc opératoire ou non. Essayez de vous renseigner avant, ça vous rassurera.
En règle générale, l'intervention se passe au bloc et on vous attache comme Jésus pendant qu'on vous badigeonne le ventre (endormi le bidon, bien sûr) avant d'inciser pour ouvrir à bébé. Côté bruit, c'est peu ragoûtant, c'est le moment d'utiliser votre MP3 ou de demander au Mâle d'entonner une petite chanson.
Une fois bébé sorti, on vous le montre, vous pleurez (normal) et c'est ensuite au papa de veiller à ce que tout se passe bien histoire de vous rassurer.
En cas d'anesthésie générale, c'est encore un peu plus dur car vous dormez pendant la durée de la césarienne. C'est encore le papa qui est chargé de veiller sur votre petit, de surveiller que c'est bien le vôtre et de le prendre en peau à peau.

Disons les choses franchement : une césarienne, c'est un peu difficile. Même si tout le monde vous répète : ***« l'essentiel, c'est que le petit aille bien »***, vous, vous pensez à vous, à votre ventre béant, à votre accouchement que vous trouvez raté et vous imaginez mille autres scénarios qui auraient pu vous éviter cette intervention. STOP. Il est là, vous êtes là et c'est l'essentiel. La porte de sortie n'était pas disponible et il a dû prendre la sortie de secours, voilà tout.

Accoucher par déclenchement

Le déclenchement peut être programmé si Nanonain fait son boulet et qu'il reste trop longtemps après terme, si des raisons médicales l'imposent ou par convenance personnelle. Les accouchements par déclenchement se font souvent sous péridurale car ils peuvent durer longtemps et, de ce fait, sont très fatigants. C'est un point de vue mais il semble préférable de garder cette option du déclenchement lorsqu'un avis médical le préconise et non parce que vous en avez marre d'être grosse. **Si vous devez être déclenchée pour raisons médicales,** essayez de ne pas stresser, et dormez un maximum avant le jour J afin d'être en forme et prête à tenir le choc.

Accoucher chez soi

Accoucher chez soi est un choix que font des mamans qui souhaitent un accouchement intime et naturel. Évidemment, il faut être accompagnée d'une sage-femme pratiquant ce type d'accouchement et ne pas avoir une grossesse pathologique. Un tel choix nécessite un accompagnement global et une excellente préparation. Lisez quelques récits d'accouchement à domicile avant de prendre votre décision et parlez-en avec votre Mâle. C'est un choix que l'on fait en couple !

Mémento à l'usage du Mâle

En ce grand jour vous allez vous sentir légèrement inutile. Que votre dulcinée accouche par voie basse ou par césarienne, il faut le dire, le gros du boulot sera pour sa pomme. Votre mission ? VOUS allez être les yeux et la voix de votre femme. À vous d'aller chercher la sage-femme si les contractions sont intolérables, à vous de suivre le bébé tout juste né si votre femme a une césarienne. Elle compte sur vous. Même si vous avez le sentiment d'être le boulet qui ne fait rien, votre main qu'elle a le droit de broyer, votre massage des lombaires, votre aide pour prendre des positions ridicules (antalgiques), ce n'est pas rien, c'est même précieux. Soyez présent par les gestes et les mots. Et vous avez le droit de pleurer. Et de vous moucher dans votre charlotte. Vous l'avez bien mérité.

MOI, SI J'ETAIS VOUS...

– **Il n'y a pas d'accouchement parfait.** Même les petites veinardes qui ont eu un accouchement proche de celui qu'elles avaient imaginé trouveront toujours quelque chose à redire.

– **Accoucher n'est pas une compétition,** il n'y a donc pas d'accouchement raté ou d'accouchement pourri.
Mais vous avez le droit de pleurer un bon coup.

– **Péri ou pas péri ?** Vous verrez bien ! Surtout si c'est votre premier enfant, vous ne pouvez décemment pas savoir à l'avance comment vous allez réussir à gérer la douleur des contractions.

ELLE EN PENSE QUOI
MULTI ?

Réussir son séjour
à la maternité

Après votre accouchement, on vous laisse un moment tranquille en famille avec votre Nanonain(e) histoire de vous remettre de vos émotions. Puis, une fois que tout le monde va bien, on vous installe dans votre chambre. Individuelle ou partagée, selon votre choix mais surtout selon la capacité d'accueil de la maternité, cette chambre sera votre lieu de vie pendant quelques jours. Des astuces de Multi pour égayer votre séjour ?

Le séjour à la maternité est rarement un moment reposant. Il y a souvent beaucoup de bruit, des bébés qui pleurent (oui, bon, ça, c'est normal), des visites, parfois même une voisine de chambre qui ronfle et qui regarde des émissions racoleuses jusqu'à deux heures du matin. Tout ça fait que vous pouvez difficilement dormir en bavant sur votre oreiller.

La durée de votre séjour dépend de vous, mais surtout de votre Nanonain(e). Si il/elle va bien, on vous autorisera à sortir plus tôt si vous le souhaitez, mais avec la visite d'une sage-femme libérale à votre domicile. En revanche, au moindre petit souci (mauvaise prise de poids, ictère du nourrisson), vous devrez rester un peu plus longtemps entre ces quatre murs qui ne sont pas les vôtres.

Généralement votre séjour à la maternité est rythmé par votre Nanonain(e) qui dort (quand vous avez des visites) et qui mange (quand vous avez décidé de faire une sieste ou de manger). Vous allez apprendre à lui donner le bain et à faire les soins nécessaires. Pas de panique, on va tout vous expliquer avant le retour à la maison.

Un petit extrait de ce qui vous attend, chère Primi ?

Le soir tombe sur la petite chambre de Primi et l'heure du repas approche. Elle laisse le Mâle contempler le merveilleux Nanonain et s'intéresse au contenu du plateau qu'une gentille dame vient de lui apporter. Heu… Primi reste interdite devant le contenu du plateau.

— *C'est quoi ça ???*
Le Mâle s'arrache à la contemplation de son nouveau-né pour venir inspecter le repas de sa dulcinée.
— ***Je penche pour des endives***
(le Mâle, fin connaisseur).
Primi apprendra par la suite que c'était des cannelloni. Primi meurt de faim et mange donc son plat. Et son yaourt. Et elle a encore faim.
Le Mâle sort une tablette de chocolat de réserve (de son sac de nourriture prévu pour l'accouchement) et promet à Primi de lui rapporter très vite des provisions.

Nanonain commence à s'agiter, il a faim. Primi panique, il faut le mettre au sein. Elle appelle une sage-femme. C'est une puéricultrice qui arrive (Primi les reconnaît à la blouse) et qui l'aide. Primi remercie en chouinant. Elle est fatiguée. Nanonain tète comme un fou. Primi a un peu mal mais regarde son nain téter. Et trouve qu'il n'y a rien de plus beau.

Le Mâle décide de s'éclipser sur ce beau tableau en promettant de revenir très tôt le lendemain. Primi pleure. Elle ne veut pas rester toute seule. Le Mâle reste un peu. Primi voudrait faire sa toilette avant qu'il s'en aille parce qu'elle ne veut pas laisser Nanonain tout seul. On pourrait lui voler.

Elle tente de faire pipi. Et hurle. Le Mâle s'inquiète. Primi pleure et file dans une douche pour calmer ses douleurs. Et pleure sous la douche en savonnant son ventre tout mou. Et pleure en se regardant dans la glace. Et pleure dans les bras du Mâle qui lui dit qu'elle est magnifique.

Le Mâle la console tant qu'il peut. Primi est au bout du rouleau mais fait celle qui *« va aller bien, je te jure »*. Elle se met en pyjama, enfile un nouveau slip filet et une nouvelle serviette hygiénique. La serviette est tellement épaisse que lorsqu'elle s'assoit sur son lit, elle a l'impression d'être sur étage. Et re-pleure. Le Mâle finit par partir, il est tard. Primi appelle sa maman car elle ne veut pas être seule tout de suite…

Heureusement pour Primi, elle ne sera pas beaucoup seule en cette première nuit…

Le grand défilé commence vers 21 h avec l'équipe de nuit qui se présente. Qui distribue les couches pour nain et pour elle. Et les bouteilles d'eau. Et les Dafalgan. Primi songe à demander à manger mais se retient. Entre les soins, les prises de température, les examens et les hurlements des autres micronains, entre les tétées et les allumages de néons blafards de la chambre à 4 h du matin, Primi se réveille vers 6 h 30 (***« c'est l'heure du petit déjeuner, madame ! »***) avec le sentiment d'avoir fait une nuit blanche en boîte. Et mal entre les jambes (gloups).

Pour les Multi, ça se passe comment ?

PROFITEZ. Même si c'est fatigant, ce n'est pas pire que de se lever toutes les nuits pour les aînés. Et en journée vous pouvez BOUQUINER. Tranquille. Le seul moment difficile sera la visite du Mâle et des grands qui ne comprennent pas pourquoi vous ne rentrez pas à la maison avec eux. Essayez de ne pas craquer et expliquez-leur que vous devez rester un peu le temps que le bébé soit prêt. Vous avez le droit de fondre en larmes une fois la porte refermée.

Voilà mes conseils de Multi aguerrie :

Dormez quand vous le souhaitez et tant pis si du personnel arrive quand vous êtes en train de baver sur l'oreiller. Si vous n'arrivez pas à vous détendre, demandez au papa ou à une amie de venir vous tenir compagnie pendant que vous siestez. Le fait de savoir que quelqu'un surveille bébé et gère les éventuelles visites peut vous rassurer.

Même si vous n'êtes pas fanatique de la télévision, prenez tout de même l'abonnement. Le soir, quand vous vous retrouverez seule, cela vous fera une mini-présence adulte.

Prenez des douches quand le papa (ou un proche) est là pour surveiller Nanonain(e) (si vous n'êtes pas rassurée). Et n'hésitez pas à en prendre deux par jour si vous vous sentez courbatue et déprimée, ça fait parfois du bien un peu d'eau chaude (voire brûlante) pour se changer les idées.

Si vous avez mal, n'hésitez pas à demander des antidouleurs et/ou des poches de glace. Si uriner vous fait mal, faites sous la douche dans un premier temps.

Vous avez également le droit de laisser votre Nanonain(e) à la nursery si vous êtes épuisée. Personne ne vous en voudra et vous ne serez pas considérée comme une mauvaise mère. Pensez-y, c'est juste pour quelques heures (en début de nuit, par exemple), il n'y a aucune raison de culpabiliser.

Je crois que
j'ai bien mérité
un petit remontant !

Les cadeaux de naissance

Le cadeau de naissance est définitivement une belle invention car il permet aux parents d'éviter certains achats un peu coûteux. Eh oui, sans être un gros radin, le parent a déjà tellement de choses à acheter pour un premier nain qu'il est heureux de pouvoir faire quelques économies s'il le peut !

La première bonne idée du couple primipare, c'est de prendre le temps d'établir une liste de naissance, soit en magasin, soit en ligne. Dommage que ce procédé ne soit pas aussi connu que la liste de mariage, car il permet d'éviter les doublons, les cadeaux maudits et les doudous niaiseux qui s'empilent sur l'étagère de la chambre de Nanonain(e).

Pour faire votre liste de naissance, rien de plus simple : vous vous rendez dans un magasin avec le Mâle, vous lorgnez avec envie les millions d'articles proposés et vous demandez à ouvrir votre liste. Ensuite, à vous le shopping à la Pretty Woman. Sauf que vous repartez les mains vides.

Si vous êtes en mode loque, sachez que de nombreuses boutiques proposent leur service « liste de naissance en ligne ». N'hésitez pas, c'est très pratique, mais prenez tout de même le temps d'aller voir ce que vous commandez lorsqu'il s'agit de gros achats comme la poussette, car vous n'avez pas envie de vous retrouver avec une poussette de 18 kilos qui se plie en appuyant avec le coude sous le guidon tout en mordant le cosy pour faire pression.

Le seul souci des listes de naissance, c'est qu'il y aura toujours des boulets râleurs pour dire ***« Bof, moi je n'aime pas les listes de naissance »***. Ceux-là prendront soin de vous offrir un cadeau dont vous n'avez pas besoin, évidemment, ou un truc un peu limite (genre un gâteau de couches Babar).

Voilà un petit florilège des pires cadeaux de naissance reçus par des copinautes :

- « Une friteuse. de la part de ma belle-mère qui trouvait que j'avais déjà tout pour ma deuxième. » **Emmanuelle**
- « Un superbe petit canard jaune à remonter. Et au dos inscrit : *ceci n'est pas un jouet mais un objet de collection.* » **Stéphanie**
- « Une grosse tétine en verre soufflé gravée au nom de mon fils. Étonnant et moche. » **Juliette**
- « Un ours de *Frère des Ours* de 1 m 50, en position assise. Il servait dans les parades à Disneyland. » **Chloé**
- « Des stickers avec des cochons pour décorer la chambre de bébé. D'inspiration "Petit Marin". Tout à fait raccord. » **Sandra**
- « Un nounours. En rotin. Tout est dit. » **Cécile**
- « Une paire de tongs. Taille 3 mois. » **Aude**
- « Un livre *Comment retrouver la ligne après bébé.* Toujours agréable. » **Séverine**
- « Un cadre photo. Une belle attention, certes, sauf que c'était moi qui lui avais offert. » **Leslie**

Et si vous avez déjà tout, ne répondez pas *« ce que tu veux »* à l'ami généreux qui vous demande ce qui vous ferait plaisir. Piochez plutôt quelques idées par ici :

- Un article de puériculture un peu original auquel vous n'avez pas forcément pensé pour vos premiers nains.
- Des chèques-cadeaux dans des boutiques de vêtements pour enfant à dépenser quand les parents le souhaitent. Surtout quand ce sont les soldes.
- Des jouets pour quand le nain saura vraiment jouer : des jouets de bain, par exemple (toujours utiles), ou un porteur.
- Un vêtement pour vous si vous allaitez (oui oui, pensez à vous).
- Un livre pour les parents, un abonnement à un magazine parental ou à une revue pour nanonains.
- Des coupons pour des heures de ménage ou une carte prépayée de pressing.
- Un panier gourmand spécial parents (tablettes de chocolat à gogo pour le moral et le magnésium – et les kilos).
- Un livre de naissance original ou un vêtement personnalisé.
- Un petit bijou de naissance en duo avec maman.
- De la déco/design pour la chambre du bébé (un coffre à jouets pour camoufler tous les futurs jouets encombrants !).

Note à découper et à déposer chez vos meilleurs amis

Petites idées pour faire plaisir à de jeunes parents :

- Débarquez chez eux vers 18 h (pas trop tard, le parent est fatigué) avec un petit hochet ou une petite fringue pour le nain (quand même) ET un apéritif dînatoire. Petites boissons, pizzas à mettre au four, macarons en dessert. Et repartez tôt...
- Proposez de leur faire livrer quand ils le souhaitent un plateau de sushis ou des pizzas. Évidemment, la note est pour vous (ne faites pas vos radins).
- Faites-leur livrer un très joli bouquet de fleurs pour le 1er mois de Nanonain(e), vous montrerez ainsi que vous vous intéressez à eux.
- Passez chez eux une après-midi en proposant d'aller promener leur précieux petit. Ainsi, les parents pourront s'allonger une heure. Et rassurez-les en disant que vous allez juste pousser le landau (et pas faire un rallye).

Non vraiment
c'est trop beau, fallait pas !

et rentrer chez soi

C'est toi
qui as les clés?

Ah non, c'est toi !

Rentrer à la maison : LES PREMIERS

Voilà, vous y êtes. La nacelle est posée dans le salon, votre minuscule Nanonain(e) dort comme un loir et vous vous retrouvez comme deux andouilles à vous demander ce que vous allez en faire. Ceux qui ont des aînés sont déjà probablement en train de préciser aux grands qu'on ne donne pas de compote à boire au petit dernier et qu'il est inutile de lui faire pouêt-pouêt avec Sophie la Girafe en pleine face quand il dort.

Vous voilà parents (encore ou pour la première fois) et il va bien falloir offrir à ce petit mille premières fois avec vous : premiers sourires, premières dents, premier dodo dans son lit (ah non, ça, ce n'est pas pour tout de suite, il préfère le cou de papa).

Avant de pouvoir profiter de sa première nuit (qui n'est également pas pour tout de suite dans 98 % des cas), voici quelques premières fois de ces premiers jours avec Nanonain(e) :

Le premier repas à la maison

Qu'il soit allaité ou au biberon, arrive un moment où il va bien falloir nourrir le nain. Ne réfléchissez pas trop aux intervalles de temps entre les tétées et les biberons et donnez-lui à manger si vous pensez qu'il a faim.

Bon, évidemment s'il sort de table ce n'est peut-être pas la peine d'y retourner mais sinon, donnez-lui à la demande, vous saurez au fil du temps reconnaître ses hurlements de bébé affamé. Pour les biberons, vous connaissez les doses, je ne peux que vous suggérer d'en mettre une de plus : si Nanonain est un goulu il boira à sa faim, et s'il n'en veut plus il en laissera. Au sein, prenez le temps de lui donner à manger assise ou allongée (selon votre préférence), bien calée grâce à votre meilleur ami le coussin d'allaitement. Au début, alternez les deux seins sur la même tétée quitte à n'en donner qu'un seul ensuite si vous voyez que vous avez trop de lait. Après le repas, pensez au rot mais sans en faire une fixation : s'il est dérangé par un rot, votre cher petit putois vous le fera savoir.

La première soirée

Vous êtes sortis de la maternité en début d'après-midi et Nanonain(e) a bien roupillé. Arrive le soir et le moment un peu pénible de la petite crise, celle de *« pourquoi-il-pleure-j'en-sais-rien-il-a-faim-il-a-soif-il-a-mal-au-ventre »*. Elle n'est pas systématique (ouf) et peut également arriver bien plus tard (genre quand vous pensiez être tirés d'affaire). Les crises du soir du nourrisson sont dues à mille petites choses et vous apprendrez au fil du temps à les gérer plus ou moins bien. En attendant, pour cette première soirée, portez Nanonain(e) dans vos bras, rassurez-le(la) et essayez de trouver ce qu'il a : faim, couche à changer, rot qui ne sort pas, envie de dormir ? Ne stressez pas et écoutez votre instinct en le prenant contre vous, Nanonain(e) ne prendra pas de mauvaises habitudes.

La première pseudo-nuit

Si vous êtes les heureux parents d'un nain qui fait déjà une nuit correcte à peine sorti de la maternité, sachez qu'il est inutile de pavaner. Pour les autres, branchez-vous sur le mode hibou, votre nouvel animal totem (qui a remplacé la marmotte, eh oui !). En effet, Nanonain(e) dort le jour et vous regarde avec ses petits yeux globuleux la nuit. Vous allez donc être obligés de renoncer à votre coucher à 22 h 30. La règle n°1, c'est de garder à l'esprit qu'il finira par faire ses nuits. La règle n°2, c'est de ne jamais s'endormir avant lui, à moins d'adorer être réveillé après trois minutes de sommeil. La règle n°3 ? Ne pas trop se poser de questions et faire. Râler vous soulagera, pleurer vous fera du bien, mais rien ne changera son rythme. Juste le temps qui passe. Et il va passer vite (si si).

Bain

Un
bon bain...

Le premier bain

Le bain du nain est un moment d'intense échange qui sert plus à détendre la bestiole qu'à la laver. Ne vous stressez donc pas si vous n'arrivez pas à le baigner tous les jours. D'ailleurs, un bain tous les deux ou trois jours est suffisant, surtout si vous accouchez en plein hiver. Pour les premiers bains, optez pour le lavabo (ou une petite baignoire) et une ambiance surchauffée. Préparez toutes les serviettes et mettez à portée de main le gel lavant pour savonner bébé. Même si à la maternité on vous conseille un savonnage sur la serviette (glaglagla), rien ne vous empêche de le faire dans le bain (surtout si le papa vous aide) histoire que Nanonain(e) n'ait pas trop froid.

Le premier bain dure peu de temps (quelques minutes à peine) et doit être suivi d'une séance séchage dans une serviette à capuche pour son petit crâne chauve. Pensez surtout à bien rincer et à bien sécher son cou (c'est dans son cou que ça sentira le moisi) car bébé est farci de bourrelets.

Concernant l'heure de ce bain, à vous de voir. Avant un repas, il risque de criser parce qu'il a faim. Après un repas, il risque de régurgiter un peu. Entre les repas, il dort.

Le bain fatigue le nain donc n'hésitez pas à le lui donner quand vous avez envie d'une pause (gniark !).

MOI, SI J'ETAIS VOUS...

– **Ces premiers moments avec votre petit** vous paraissent un peu étranges, comme irréels et c'est normal. Vous avez mis neuf mois à le faire et le voilà, chez vous, mais rien d'autre n'a changé que sa présence au milieu de votre salon.

– **Vous avez l'impression de tout rater** et de ne plus vous souvenir de tout ce qui a été dit à la maternité (gloups)? Les sites internet des magazines parentaux comme *Famili* ou *Parents* regorgent de tutoriels vidéo pour le bain, le change, le soin du cordon.

– **N'hésitez pas à les consulter** pour ne pas paniquer à 23 h 30 devant un cordon à nettoyer. Et le lendemain, passez un petit coup de fil à votre sage-femme histoire qu'elle vienne vous rendre une petite visite.

Elle est assez physio
sa couche ?

Les questions (de la honte) des premiers mois

Les premières journées avec bébé se déroulent correctement. Passé les premières heures où les deux parents se regardent en se demandant ce qu'ils vont bien pouvoir faire avec cette petite chose qui dort/mange/chouine, une espèce de non-rythme s'installe entre tétées ou biberons, changes et promenades. Et puis, arrivent les questions de la honte que vous n'osez pas vraiment poser, de peur de passer pour un parent nul.

Il y a une solution pour tout, si si !

Nanonain(e) pleure, je fais QUOI (avant de pleurer à mon tour) ?

Voilà, il pleure et vous ne savez plus quoi faire. Vous n'en pouvez plus, vous êtes fatiguée, épuisée et vous n'avez qu'une envie : refourguer le bébé (à conjuguer au masculin pour le papa bien sûr). Si Nanonain(e) pleure et que ce n'est pas l'heure de grignoter, commencez par lui changer sa couche. Même si elle n'est pas sale, ça vous fera une pause. Généralement les bébés restent à peu près calmes quand on change leur couche.
Nettoyez-le, chantonnez et préparez un plan d'attaque. Si sa couche n'était pas sale et qu'il continue de pleurer, portez-le bien droit contre vous, il a peut-être un rot coincé.
S'il ne se calme pas, proposez-lui à manger (c'est le fils ou la fille de son père, ce morfal, ne l'oubliez pas). Et s'il n'a pas faim, tentez de le promener en poussette ou dans un porte-bébé, généralement c'est radical. D'ailleurs, sachez-le, face à un bébé qui pleure souvent, la solution qui sauve c'est le portage. Investissez dans une bonne écharpe pour plus de confort, apprenez le nœud de base (mais pas au moment d'une crise car les hurlements sont légèrement stressants) et servez-vous-en à outrance. Non, il ne prendra pas de mauvaises habitudes, même s'il est porté 20 h sur 24 h les quatre premiers mois. En revanche, votre état nerveux en sera grandement amélioré. Après tout ça, s'il pleure toujours et qu'il n'y a pas de signes alarmants (fièvre), faites un petit tour en voiture, ça peut le calmer (et arrêtez-vous à la pharmacie pour acheter une tétine, il ne faut jamais sous-estimer le besoin de succion).

Je l'habille comment là ?
En costume cintré avec queue-de-pie et chaussures vernies !
En vrai, vous n'avez qu'à le mettre en pyjama, c'est encore comme ça qu'il est le mieux. Et lorsqu'il aura fait une bouse explosive pour la troisième fois de la journée, vous saurez pourquoi vous ne lui mettez plus cette adorable petite salopette beige de chez Jacadouille. La tenue de combat préférée du nain est simple : body et pyjama. S'il fait humide chez vous, vous pouvez lui mettre des chaussettes sous son pyjama, voire ajouter un surpyjama en polaire, et un bonnet. Merveilleux, vous voilà avec un joli petit rouleau de printemps. La nuit, Nanonain(e) dormira très bien en pyjama et turbulette l'hiver, en turbulette à manches si vous vivez au Mordor ; et l'été, laissez-le en body dans une turbulette légère, voire sans turbulette du tout. L'autre nom de la turbulette est la gigoteuse. Les noms ridicules sont monnaie courante quand il s'agit de la tendance fashion bébé.

Puis-je le poser pour prendre une douche ?
Oui, oui, oui. Dans son transat, son cosy, sa nacelle... Vous pouvez même le poser près de vous dans la salle de bain histoire d'être complètement rassurée. S'il dort, vous pouvez aussi vous laver les cheveux (ne tentez tout de même pas le masque avec 20 minutes de pause) et AU PIRE DU PIRE, votre adorable Nano pleurera trois minutes. Mais vous lui éviterez des odeurs de transpiration à la prochaine tétée, et s'il pouvait parler il vous dirait merci.

Est-ce qu'il a encore faim ?
Au biberon, faites toujours une dose de plus. Il en laissera quand il sera repu. Au sein, laissez-le téter tranquille. Quand il commence à mâchouiller,

arnaquez-le en glissant votre téton hors de sa bouche en appuyant tout doucement sur le bord de sa bouche avec votre index. Doucement, hein ? Et allaitez à la demande au départ, quitte ensuite à espacer un peu l'intervalle entre les tétées histoire de laisser son estomac se reposer (et vos seins aussi).

C'est normal tous ces bruits louches ?

Eh oui, un bébé ça ne parle pas mais ça fait de drôles de bruits. En dehors de ses hurlements de Castafiore avant les repas et en cas de rot coincé, votre adorable Nano fait des petits sons étranges légèrement flippants. La nuit, il grince. Oui oui, il grince. La première fois, cela vous fait un drôle d'effet et vous avez un peu peur qu'un voleur ne se soit introduit dans votre maison pour vous voler votre pack trio poussette stocké dans l'entrée. Mais non, c'est Nanonain(e). Que vous surnommez désormais PQG : la porte qui grince.

C'est souvent en raison de ces petits bruits que Nanonain(e) se fait virer de la chambre parentale (vers ses 3 mois) pour rejoindre sa propre chambre. Adieu le nain, va grincer chez toi !

Peut-il dormir avec nous ?

Vous allez vite comprendre qu'avec votre Nano vous allez faire comme vous pouvez. Si vous allaitez, que vous êtes fatiguée et que vous réussissez à l'allaiter allongée tout en vous rendormant à moitié, pourquoi ne pas opter pour un « co-dodo » sécurisé (c'est-à-dire avec son berceau ou son lit accolé au vôtre) ? Évidemment, en raison des bruits louches, ce « co-dodo » ne va pas durer très longtemps, mais en attendant, il est bien doux de s'endormir près de son Nano. La petite enfance passe si vite...

Il a fait caca mais il dort, je le réveille ?

Non. On ne réveille pas un nain qui dort. Changez-le avant une tétée mais laissez tomber s'il se rendort aussitôt le caca fait. Généralement, ça ne le dérange pas plus que ça et s'il ne le supporte pas, il vous le fera vite sentir (dans tous les sens du terme).

Au secours, je vais le pulvériser !

Il pleure et vous avez envie de vous arracher les cheveux car il est 3 h du matin et vos aînés se lèvent dans trois heures. Restez calme, tout cela n'est QUE du sommeil. Ce n'est pas grave. Oui, vous êtes fatiguée et oui, vous voulez dormir. Mais pour l'instant, c'est impossible. Alors soit vous le posez dans sa chambre et vous allez vous coucher avec des boules Quiès, soit vous le prenez contre vous et vous allumez la télé pour passer le temps, vous faites un jeu sur votre smartphone, vous écoutez de la musique... Laissez les choses se faire et ne luttez pas. Ça se passera mieux si vous relativisez.

MOI, SI J'ETAIS VOUS...

– Du « co-dodo » à la gestion des pleurs en passant par les dosettes de lait pour les biberons de nuit préparées à l'avance, vous saurez bien vite trouver votre rythme et des petites astuces pour améliorer votre organisation.
– Chaque enfant est unique, tout comme chaque parent. Si certains adorent « co-dodoter » d'autres trouvent ça insupportable, et si le portage sauve les journées de certaines mamans, d'autres lui préfèrent le transat. À vous de tester et d'essayer, à vous de trouver ce qui vous convient quitte à faire fi de vos principes de nulli(pare).

ELLE EN PENSE QUOI
MULTI ?

Extrait d'une nuit « moisie »

Ce texte, vous allez le survoler une première fois en ricanant. Puis, vous y reviendrez une fois votre cher Nanonain(e) dans vos bras. Et vous ne ricanerez plus du tout. Pour le moment, vous avez votre petit rythme de sommeil bien à vous. Si vous avez déjà des nains, vous savez ce que signifie avoir un nouveau-né, mais croyez-moi, vous ne vous en souvenez pas si bien que cela. Parce qu'on oublie. Heureusement d'ailleurs, sinon il n'y aurait que des enfants uniques.

Sachez donc qu'un nanonain n'a AB-SO-LU-MENT aucune notion jour/nuit. Enfin, si. Mais à l'envers.
Du genre je dors le jour. Et surtout du genre je ne dors pas la nuit.

Le jour, en particulier quand il y a de la visite, votre petite dernière roupille. Profondément, même. En Superman (petits bras le long de la tête, poings fermés : Nanonaine en mode peluche), elle dort tout son soûl.

Les visiteurs déposent leur joli cadeau à ses pieds (telle une offrande à la déesse de la sieste) et s'extasient.
— ***Oh, mais qu'elle est mignonne !***
— ***Elle te ressemble, c'est fou !***

Note de l'auteur : ceci est une réflexion purement polie car chacun sait qu'un nouveau-né ressemble à une tortue. Une tortue mignonne, certes, mais une tortue quand même, ce qui est loin d'être votre cas.

— ***Elle a l'air tellement paisible...***
Elle a juste l'air. Car la nuit, cette petite chose rose adorable se transforme en un je-ne-sais-quoi, toujours mignon mais assez féroce.

Petit échantillon…

21 h 57 : coucher de la reine dans son berceau (placée dans la chambre des parents ou pas très loin, on ne sait jamais).
21 h 59 : valse des parents dans le couloir, devant la porte de la chambre, qui tentent d'effectuer les gestes les plus simples du monde sans faire un bruit. Le Mâle se cogne dans le radiateur. Regard courroucé de vous-même.
22 h 03 : repli dans la salle de bain. Papotage-chuchotage et brossage de dents. Ça couine dans la chambre. Arrêt du brossage. Dentifrice qui bave.
22 h 04 : fausse alerte, ouf.
22 h 06 : préparation des munitions dans la salle de bain. Cotons, liniment, mini-couches, serviette de toilette. Ok, tout est prêt pour une nuit de folie.
22 h 10 : installation du couple muet. « Bonne » nuit chuchoté.
22 h 11 : grognement de Nanonaine.
22 h 12 : apnée des parents.
22 h 13 : fausse alerte, ouf.
22 h 14 : le Mâle ronfle.
22 h 15 : vous vous demandez quand même comment il fait pour s'endormir aussi vite.
22 h 16 : Nanonaine se met en mode « petits ronchonnements ».
22 h 17 : vous décidez de mettre un bout de la couette sur votre oreille restée à l'air libre pour ne plus l'entendre.
22 h 18 : vous ne l'entendez plus, vous commencez à sombrer.
22 h 19 : vous avez chaud à l'oreille. Il vaut mieux l'entendre que de mourir de chaud (de l'oreille).
22 h 20 : vous vous endormez.
23 h 02 : après un bon petit somme, Nanonaine commence à s'éveiller. Et à chouiner.
23 h 03 : vous décidez d'attendre un peu pour voir si elle se rendort (la veille, vous avez lu le dossier « L'aider à faire ses nuits rapidement »).
23 h 04 : bon, ok, elle a gagné. Direction lit des parents. Installation au sein.

Note de l'auteur : si vous n'allaitez pas, vous dégainez le biberon dont vous avez préparé les ingrédients au pied du lit pour gagner du temps. Super organisée.

23 h 05 : vous comatez pendant qu'elle boit.
23 h 54 : vous êtes réveillée par un petit cri. Puis par un liquide chaud sur votre sein (ou main, ou pyjama). Merveilleux. Régurgitations. Le Mâle relève la tête. Vous regarde d'un air hagard. Et repose la tête.
0 h 10 : vous vous levez, déposez Nanonaine endormie dans son berceau. Vous changez de haut de pyjama et vous vous recouchez.
2 h 22 : Nanonaine grince. Comme une porte. Vous la prenez contre vous.
2 h 32 : Nanonaine continue de grincer. Vous la reposez dans son lit, qu'elle grince chez elle…
2 h 33 : vous vous rendormez.
3 h 00 : Nanonaine re-chouine. Elle a re-faim. Re-sein ou re-bib.

Note de l'auteur : c'est le moment, si vous n'allaitez pas, de mettre un délicat coup de coude au Mâle pour qu'il gère le biberon de 3 h. Rendormez-vous.

4 h 10 : Nanonaine fait un bruit immonde. Et se rendort.

Cruel dilemme de la jeune mère : « Je la laisse dormir dans son caca ou je la change ? Si je la change, je la réveille. Mais ce n'est pas sympa de la laisser dans son caca. » Vous décidez de la changer. Demain, vous la laisserez dormir, vous verrez.

4 h 11 : salle de bain. Lumière qui éblouit, yeux qui clignotent.
4 h 12 : enlevage du pyjama.
4 h 13 : c'est petit quand même, ces pyjamas 1 mois.
4 h 14 : pyjama pourri au sale.
4 h 15 : body pourri également.
4 h 16 : vous vous rendez compte que vous n'avez pas prévu le body de rechange.
4 h 17 : tentative pour prévenir le Mâle :
— *Le Mâââââle ?? Tu dors ???*
— *Youhou !*
— *Hé ! Ho !*
4 h 18 : devant le silence ambiant, vous décidez de vous passer de l'aide du Mâle et fouillez intégralement la corbeille de linge pour trouver un change propre. Puis vous regagnez votre chambre en râlant.
4 h 24 : le Mâle émerge et demande pourquoi vous ne l'avez pas réveillé. Vous le foudroyez du regard.
4 h 25 : Nanonaine ne compte pas se recoucher et vous fixe avec ses petits yeux grands ouverts. Elle vient de passer en mode hibou.
4 h 36 : elle vous regarde toujours. Un peu stressant ce mode hibou. Dodo, Nano, dodo. On se regardera demain.
5 h 02 : Petit cri. Vous ouvrez les yeux. Pour tomber sur votre hibou affamé (encore ?).
Primi : 8 h 45 : vous pouvez « grasse-matiner ». Nano est en mode peluche de nouveau.
Multi : 6 h 45 : le réveil sonne. Les nains ont école. Le Mâle se réveille. Eh oui, chacun son tour. Nanonaine dort. Presque même en Superman.
7 h 05 : les nains déboulent dans la chambre. Grand Nain veut faire un bisou et une caresse à sa ***« petite sœur qui est trop mignonne »***. Moyen Nain veut faire un ***« câlin bébé »***. Et saute sur Nanonaine. Qui ouvre ses petits yeux de hibou.

Note de l'auteur : pour ceux et celles qui s'inquiéteraient pour le Mâle, sachez qu'il a très mal dormi. Parce que vous n'avez pas cessé de le réveiller (sic).

I ♥
MYBED
TALKING CLOCK
RESET
CLOCK SET
CLOCK
SET
HR
MIN
VOLUME
MIN MAX
HR REPORT
OFF AUTO

Le sexe après la grossesse

Les mères de famille ont une sexualité épanouie. Ah bon ? Qui a le courage, après une journée marathon, de se glisser nue entre les draps pour se coller à son conjoint ? Quel papa, après cinq remontées d'enfants et la trouille qu'un autre descende, a le cran de renverser sa femme sur la table de la cuisine ?

Envie ou pas envie?

On se dit que ça va aller, qu'on va finir par être excitée et en fait, bof. On pense aux trucs à ne pas oublier, on pense à mille choses, on pense qu'on aimerait mieux dormir, on espère que ça ne durera pas longtemps. Il y a se forcer et se forcer, ne soyons pas dupes. Il y a soit *« je ferais bien l'amour mais il y a une super série télé et franchement, pour une fois que je peux regarder un truc à la télé hein... »*, soit *« ça me dégoûte, je me dégoûte, il/elle me dégoûte, je me force mais vraiment, c'est en serrant les dents et en refoulant les larmes »*. Ce dernier cas est inquiétant et relève plus de la dépression ou d'un réel souci de couple.

Passé les six/huit premiers mois après un accouchement, il me semblerait opportun de consulter si faire l'amour vous dégoûte et si vous vous y résolvez tout de même, parce que vous avez peur de perdre l'autre. Quant au premier cas de figure, il est plus fréquent. Soyons honnêtes, après une grossesse, on a l'entrejambe légèrement (voire terriblement) endommagé. Déchiré, ayant porté pendant quelques jours des « garnitures » (miam) dignes d'une tour de huit étages et se souvenant avec émotion et effroi de la dernière chose qui est passée par là.

De plus, les journées sont difficiles pour les mères en congé de maternité : elles gèrent un petit rigolo chouineur en essayant, en même temps, de garder une maison présentable histoire de ne pas entendre la fameuse phrase ***« toi, tu ne fais rien de tes journées alors tu peux bien.... »***.

Bref, la journée est partagée entre des tâches ménagères usantes et manifestement inutiles (puisque c'est toujours aussi bordélique) et la gestion d'un nain fatigué et fatigant, qui ne lui laisse que peu de répit.

Elle mange sur le pouce (et froid), ne perd pas de poids, a le sentiment d'être un yéti et a surtout l'impression de n'être jamais SEULE. Jamais.

Quand arrive le soir et que le nain-glue est couché, comment pourrions-nous imaginer un seul instant qu'elle a envie de se blottir contre quelqu'un sous la couette ?

Une jeune maman, le soir arrivé, a besoin de :

- prendre un bain chaud, seule, en bouquinant un bon polar et en sachant que si Sa Majesté du Nanonain braille, il y aura un gentil papa pour y aller ;
- tendresse, câlins et paroles gentilles et empathiques : ***« Ça a été aujourd'hui ? Merci de gérer tout ça »***, etc. ;
- regarder une série télé ou une émission sur les maisons à vendre, n'importe quoi qui n'obstrue pas son cerveau fatigué.

Il ne faut pas s'étonner que le sexe passe en second. Penser à soi et uniquement à soi est un moyen de survie. C'est s'occuper de l'autre qui devient difficile, c'est faire cet effort-là qui lui semble insurmontable.

Comment y remédier?

Il faut déjà apprendre à déléguer, il ne faut pas tout prendre en charge, le but étant de se dégager du temps pour soi. Pas forcément pour se faire belle ou pour s'épiler, pas forcément pour s'oindre d'huile excitante. Non. Pour bouquiner, pour se laver les cheveux, pour aller prendre un café avec une copine, pour penser à soi. Une fois qu'on a eu notre quota de MOI JE, on peut penser à l'autre.

Cependant, pas facile pour l'homme. Pas facile du tout. Les papas auraient envie qu'on s'occupe d'eux. Pas la peine de mentir, les Mâles, on le sait que vos pleurnicheries ***« j'ai un rhume-je vais crever »*** sont faites pour qu'on vous prenne dans nos bras et qu'on vous cajole. Alors oui, difficile quand vient le soir, de voir sa compagne plongée dans un livre et ensuite le refermer pour s'endormir comme une masse. Difficile de la voir enfiler un pyjama confortable mais moche alors que vous rêvez de découvrir ses seins dans une nuisette sexy.

Comment se comprendre? Comment faire au mieux?

L'essentiel, ce n'est pas la performance, l'essentiel c'est de réussir à se retrouver. Au lit, à lire le même magazine. Avec une tasse de café, à parler de mille choses.

Et de fil en aiguille, de gentils mots en petites attentions, de siestes en moments pour soi, le désir revient, l'envie de partager des moments complices, l'envie de désir réapparaît. Essayez de sortir en couple de temps à autre, ou de vous faire un bon petit resto-maison, même si les enfants sont là.

Ne culpabilisez pas, retrouvez-vous, retrouvez-le, réapprenez à vous connaître, essayez de trouver des moments où vous êtes bien ensemble. Le sexe fait partie de ces bons moments. Mais ce n'est pas le seul.

MOI, SI J'ETAIS VOUS...

– **Pour booster votre libido?** Un bon petit bouquin érotique. Eh oui, tout bêtement. On se le commande sur Amazon, discrètement si on n'est pas à l'aise, et en même temps qu'un bouquin pour enfant, ça passe mieux.

– **Des accessoires?** Si ça vous dit. On peut maintenant trouver toutes sortes de lubrifiants en supermarché. Effet glaçon ou effet brûlant, rien ne vous empêche de tester avec humour ce genre de petits gadgets.

Non non, c'est dans votre tête!

UN PEU BOULET mon bébé ?

Parce que personne ne vous le reprendra, il va vous falloir décrypter ses pleurs, ses besoins et son caractère de putois. Voilà quelques petites astuces pour faire face aux premiers mois un peu sportifs, entre couches, biberons et promenades en poussette, entre nœuds d'écharpe, bains à 37° C et nuits hachées menu.

Astuce n°1 : dormez

Oui, c'est une astuce crétine *a priori*, que vous avez mille fois entendue. Pourtant, c'est la seule vraiment valable quand il s'agit de retrouver une tête normale et un état nerveux correct. Dormez, couchez-vous tôt, n'attendez pas la dernière tétée ou le biberon de minuit. Et faites des siestes à tour de rôle.

Si vous ne dormez pas, au moins relaxez-vous. Même peu de temps, posez-vous sur un lit, les yeux clos. Surtout si vous avez l'impression de vivre au milieu de décombres, si vous avez envie de pleurer en regardant votre corbeille pleine de linge. C'est souvent quand tout nous insupporte autour de nous qu'il faut s'arrêter et dormir. Le sommeil, c'est la clé car tout en découle : vos relations avec le Mâle, votre humeur, votre appétit et votre patience avec Nanonain(e).

Si vous êtes un peu seule en journée, allez chez votre maman, ou chez une amie, chez quelqu'un qui pourra vous garder Nanonain(e) (ou aller vous le/la promener) pendant que vous dormez. Même si vous avez l'impression d'être une mauviette, osez demander du temps pour dormir. Surtout à celles qui sont déjà passées par là.

Astuce n°2 : portez

Cette astuce vous sera bien utile si vous héritez d'un nain boulet, d'un nain à reflux qui ne supporte pas la position allongée et qui hurle la majorité du temps. On peut vivre avec un nain dans l'écharpe pendant les premiers mois, c'est tout à fait possible et c'est même conseillé si on veut pouvoir continuer de vivre. D'ailleurs, si on s'y prend bien, on peut faire pipi avec une écharpe, manger avec une écharpe (quitte à la salir un peu), et même faire une sieste en position semi-assise en se calant bien avec des coussins. Bien entendu on prend un bon cours de portage, une écharpe de qualité et on rembarre Belle-Maman car NON, porter un enfant ne le rend pas capricieux. S'il est porté les trois premiers mois de sa vie, cela ne lui fera pas prendre de mauvaises habitudes ; a-t-on déjà vu un koala mal élevé ?

Astuce n°3 : faites

Non, Nanonain(e) ne fera pas ses nuits tout de suite (sauf si vous êtes veinards). Il faudra se réveiller pour le nourrir et tenter ensuite de le/se rendormir. Oui, ça va être dur.
Mais vous allez le faire, sans vous poser de question. La nuit, si vous allaitez, cela vaut peut-être le coup de « co-dodoter » (en sécurité avec un lit adapté) histoire de vous soulager. Sinon, c'est le moment d'instaurer un roulement et de vous organiser. Si vous avez des jumeaux, c'est encore plus vrai (et investissez dans un tableau effaçable sur lequel vous notez qui a fait quoi histoire de ne pas changer trois fois d'affilée la même couche). Dites-vous que ces premiers mois sont dédiés à Nanonain(e) et qu'il ne sert à rien de penser à tout ce que vous ne faites pas et à tout ce que vous pourriez faire. Faites et puis c'est tout, de toute façon vous n'avez pas le choix. Une fois qu'on a compris ça, ça va beaucoup mieux.

Astuce n°4 : sortez

Il n'a pas de rythme ? Il s'endort en poussette ? Profitez-en pour sortir un peu. Jusqu'à ses trois/quatre mois, Nano est encore assez festif. Il peut s'endormir au restaurant et rester tranquillement dans l'écharpe pendant que vous vous faites une petite virée shopping. Il n'est pas question de le sortir tous les soirs mener la grande vie, mais autorisez-vous quelques soirées en dehors de chez vous histoire de vous oxygéner.

Astuce n°5 : profitez

Ben oui, quand même ! Il est mignon ce Nanonain. On peut lui faire des bisous dans le cou et sur le ventre, on peut respirer son odeur et on peut savourer ces moments où il se niche dans le cou. Avoir un tout petit, ça reste des instants charnels et des souvenirs tout doux. Un nourrisson, ça donne envie de se blottir contre lui, de le serrer très fort (attention quand même, c'est fragile).

Astuce n°6 : pas de pression

La pression, on peut se la mettre toute seule, mais on peut aussi la subir de la part de l'entourage (qui veut bien faire en donnant avis et conseils). Quoi qu'en disent vos amis, votre mère, belle-mère, vos collègues, vous avez le droit :

• d'allaiter ou de ne pas allaiter,
• d'allaiter mais de laisser le papa se lever la nuit pour remplacer une tétée par un biberon de lait infantile,
• de coller une tétine dans le bec de Nano ou de lui laisser prendre son pouce.

C'est vous qui choisissez et qui décidez en fonction du moment et de votre état de fatigue, de vos principes (adieu les principes) et de vos envies. Il n'y a rien de grave. Et c'est VOTRE Nano.

Astuce n°7 : déléguez

Même si vous pensez être la seule personne au monde à savoir vous occuper de votre nain, il faut apprendre à déléguer. Il est évident que les parents sont toujours les meilleurs baby-sitters de leurs enfants (enfin, les parents non psychopathes bien entendu).
Mais Mamie peut quand même pousser la poussette, et peut-être même donner le bain, non ?

Il faut apprendre à déléguer petit à petit, et même si vous ne comptez pas confier à d'autres votre bébé d'amour avant qu'il ne sache parler pour dénoncer les mauvais traitements infligés par ses grands-parents qui ne veulent pas lui laisser regarder un trentième épisode de « Tchoupi », cela vous fera du bien de prêter Nanonain(e) de temps en temps, pour un change ou pour un repas, pour une petite balade ou pour un moment d'éveil.

Déléguez aussi au doudou, cet objet transitionnel qui va devenir un petit morceau de vous. Emmenez-le avec vous partout, imprégnez-le de votre odeur et considérez-le comme le meilleur ami de Nanonain(e). Choisissez un joli doudou et pensez à l'avoir en double (un vomi est si vite arrivé).

Le mode d'emploi
de Nanonain
n'est tout de même pas
très clair…
14 뒤의 벤치 좌석 사용하기
참조 그림 14.1.
15 저장 바스켓
16 타이어 펌프
참조 그림 16.1 및 16.2.
17 유모차 시트와 함께 접는 의자 사용하기

Un nouveau bébé ?

Vous avez accouché et à la maternité, vous avez bien pris soin d'offrir aux aînés les jolis cadeaux que le tout nouveau Nanonain leur a apportés. Vos nains, plus ou moins crédules, ont apprécié l'attention et se sont empressés de s'amuser avec leurs nouveaux jouets sans même jeter un coup d'œil au bébé. Mais de retour à la maison, les choses se compliquent légèrement.

La maternité, quand on est Multi, c'est trois jours de « coolitude » pendant lesquels vous avez pu prendre des douches (sans que quelqu'un ne tire le rideau de douche en hurlant ***« t'es oùùù Mamaaaaan??? »***), regarder la télé jusqu'à deux heures du matin sans quelqu'un pour zapper et mettre « Petit Ours Brun » ou « Manny et ses Outils ». Vous avez mangé dans le calme votre mauvais plateau repas (endives braisées et salsifis) sans donner la becquée et sans ramasser de pommes noisettes écrasées au sol. Vous avez bouquiné pendant des heures sur votre lit en plastique et vous avez même joué avec la télécommande du lit tellement vous aviez du temps rien que pour vous.

C'est bon de ne rien faire...

Maintenant il faut rentrer avec Nanonain(e). Même si vous avez coaché parfaitement vos aînés, ils risquent de faire quelques petites bêtises histoire d'attirer votre attention et de retrouver la maman-qu'ils-aiment-leur-maman-rien-qu'à-eux. C'est humain, c'est hunain même.

— *Alors les nains ? Contents que Maman rentre ?*
— Ouiiiiiiii !!!!!!
(Moyen Nain s'est manifestement levé tôt, il hurle très aigu)
— *Et toi Grand Nain ?*
— Oui. Il fait dodo le bébé ?
— Oui, elle fait dodo.
— Elle veut mon doudou, bébé?
(Moyen Nain jette son doudou sur Nanonain(e))
— *Heu NON !!!! On ne jette RIEN sur le bébé.*

Petit à petit…

Ça commence bien.
Il faut savoir qu'un nain a du mal à comprendre la notion du *« on ne fait pas trop de bruit, Nanonain(e) dort »* ainsi que celle du *« je lui donne à manger et j'arrive tout de suite, surtout ne faites pas de bêtises »*. De plus, le nain n'est pas tout à fait capable de gérer sa frustration plus de trois minutes, donc il est capable de vous appeler environ quarante fois en hurlant s'il veut quelque chose alors que vous serez en train de nourrir ou de changer Nanonain(e) (donc pas disponible du tout).
Le nain risque aussi de trouver HI-LA-RANT de faire une bêtise quand vous serez en train de vous occuper du bébé. D'ailleurs c'est bien simple, à chaque fois que vous allez le perdre de vue (et ne plus l'entendre), il sera en train de fomenter un nouveau complot pour mettre à mal votre santé mentale. Et il est très fort (c'est encore pire s'ils sont plusieurs).

Du coup de crayon indélébile sur la tapisserie du salon (une œuvre magnifique et décidément cubiste) au vidage en règle de leur commode sur le sol de leur chambre, en passant par le pot de pipi renversé ou aux accidents de propreté, voire aux réveils nocturnes intempestifs, les aînés ont à leur portée une myriade de petites actions maléfiques. Pourtant, il faut vous y faire : tout cela est bien normal. Vous demandez aux aînés (ou à l'aîné) de partager, de laisser une place (sa place) et de comprendre que c'est comme ça et pas autrement ; qu'on ne peut décemment pas échanger ce nanonain contre un autre et encore moins lui donner des coups.
Pour faire accepter en douceur ce petit personnage à l'odeur de couche pleine qui ne fait que dormir, crier et boire du lait, continuez votre coaching « nainesque » en suivant ces cinq étapes :

Étape 1 : lisez quelques livres niais histoire de replonger les nains dans l'ambiance « bébé ». Insistez sur les livres qui présentent le quotidien avec un nouveau-né pour leur montrer que même ce bon vieux Tchoupi trouve qu'avoir un bébé c'est tout de même moins sympathique qu'un chaton. Mais qu'on s'en sort très bien.

Étape 2 : faites-en des caisses. À la fois pour exprimer votre fierté de voir vos aînés devenir de si gentils grands frères (et sœurs) et votre faux énervement face à votre bébé qui chouine ou qui a encore une couche sale. Il faut montrer aux autres nains que VOUS AUSSI le bébé vous énerve (parfois).

Donc, quand vous changez une couche, rajoutez-en : *« Rhô lala, j'en ai marre hein, au moins tes grands frères, EUX, ils ne font pas de caca moisi... »*. Vous allez les faire rire et le message va passer pour les nains : ***« On est de chic nains ET Maman aussi trouve que le bébé est un peu boulet »***.

Étape 3 : n'imposez pas de gros changements. En effet, ce n'est pas parce qu'un petit arrive que le grand doit passer du lit à barreau au lit d'enfant. Ce n'est pas non plus parce que le bébé arrive qu'il doit lui refiler sa chaise haute ou sa place à table. Bref, évitez d'imposer aux aînés des changements trop brutaux. Évidemment s'ils doivent partager leur chambre, il faut expliquer et tout le monde sera ravi, mais en règle générale, enrobez les changements de *« youpiiiiii c'est géniiiiial !! »* et évitez ceux qui vous semblent un peu traumatisants.

Étape 4 : trouvez du temps pour chacun. Évidemment ça va être compliqué, le bébé ayant besoin d'attention constante. Mais un bébé ça sieste, ça reste un peu dans son transat, ça peut se confier à un papa, à une mamie, ça peut rester sous une arche d'éveil. Et pendant ce temps-là, on lit une histoire, on donne un bain, on partage un repas ou on se regarde un dessin animé sous la même couverture. Il faut garder un peu de soi pour les autres nains. C'est essentiel.

Étape 5 : permettez-leur de vider leur sac. Si vous sentez que la situation est tendue, si vos nains sont de gros gros boulets, si les aînés enchaînent les bêtises ou refont pipi au lit, parlez-leur. Il n'est pas question de dramatiser la situation en les pourrissant mais plutôt de leur faire cracher le morceau. Prenez le temps de les écouter et confiez-vous à eux. Dites-leur que pour vous aussi c'est difficile, que vous les aimez très fort et que ce n'est pas facile de gérer tout ça. Parlez normalement et soyez à l'écoute. C'est souvent quand les nains sont infects qu'ils ont beaucoup de choses à nous dire.

MOI, SI J'ETAIS VOUS...

– **Les marques sont parfois difficiles à trouver pour le(s) aîné(s),** mais ça va venir progressivement. C'est un gros chamboulement pour eux, alors tentez d'atténuer les choses en gardant des rituels.
– **En cas de situation difficile,** n'hésitez pas à faire appel à un professionnel.
– **Usez des grands-parents** sans pour autant y envoyer systématiquement les aînés. En effet, il ne faut pas non plus que le(s) grand(s) se sente(nt) exclu(s).

À lire si on déprime, surtout vers le 2e mois de Nanonain(e)

On, ne s'inquiète pas

Vous serez à la hauteur. Vous serez un chouette parent, n'en doutez pas. La preuve ? C'est que vous lisez depuis quelque temps déjà ce guide pour vous y préparer. Bon, vous n'avez peut-être pas pris le plus sérieux et le plus complet mais j'ai envie de croire que c'est justement cela qui fera la différence...

Il est là...

Vous allez être un parent perdu, qui va tenter de comprendre pourquoi son nain ne fait rien que pleurer, qui va renifler sa couche pour savoir s'il a fait caca, qui va s'interroger sur la couleur dudit caca, qui va tenter le biberon (ou le sein) pour voir s'il a faim, qui va se demander s'il peut s'étouffer avec son doudou, qui va fermer la porte de sa chambre et puis la rouvrir de peur de ne plus l'entendre s'il pleure.

Vous allez apprendre à le connaître et à l'apprécier, ce petit rigolo qui ne veut pas dormir, qui voudrait vivre dans vos bras (ce qui n'est pas pratique pour égoutter les pâtes de midi et du soir aussi).

Vous allez le coucher, le relever, le porter, décoincer un rot qui coinçait (ah, c'était pour ça qu'il pleurait) et vous féliciter d'avoir su décrypter ce qu'il voulait. Et puis le lendemain, ce ne sera pas le rot, ce sera probablement autre chose, mais quoi ?

Vous allez taper des tas de mots sur Google (coliques-nourrisson, pleurs-du-soir-solutions), vous allez devoir gérer un bébé qui n'est pas parfaitement parfait, qui a peut-être du reflux ou bien qui fait juste son boulet.

Entre l'imaginaire et le petit Nanonain en body trois mois que vous tenez dans vos bras, il y a un monde dont les guides ne parlent pas.

Des soirées à le bercer, des hurlements dans les oreilles même quand il dort, des besoins de sieste au milieu de la journée et des envies de pulvériser le facteur qui sonne alors que vous veniez enfin de fermer les yeux.

Des moments de grâce quand vous pouvez vous attabler avec le Mâle autour d'un repas chaud (hourra) et des moments de stress quand la prochaine station-service est à 22 kilomètres et qu'il hurle de faim dans sa nacelle à l'arrière.

Ce petit nain, ce Nanonain, vous le vouliez, vous le désiriez ardemment et maintenant qu'il pourrit vos nuits et qu'il occupe vos journées, vous trouvez que c'est dur, qu'il faut sortir le promener pour ne pas craquer alors que vous avez juste envie de vous « encouetter » (sous la couette, tout à fait) et que parfois, juste pour une heure, vous auriez envie de le prêter (voire de le donner).

Vous arriverez à...

... prendre du recul, à vous lever en pleine nuit en vous disant que ce n'est que du sommeil et que Nanonain(e) n'y peut pas grand-chose.
À vous glisser (enfin) sous votre couette pour en ressortir treize minutes plus tard. À vous lever, les yeux dans le vague et le cœur encore palpitant, au son du nain affamé. À allaiter ou à donner un biberon dans le noir, les yeux clos et la tête renversée.

À le veiller quand il aura sa première température-flippante-et-s'il-convulsait-appelle-le-15. À distribuer suppos et sirop rose à la pipette, à vérifier en pleine nuit qu'il respire bien, à poser votre main sur son ventre pour être sûr(e), on ne sait jamais.

Vous arriverez même à...

... retrouver votre couple, à parler normalement et à ne pas vous agresser mutuellement pour des tâches non faites ou pour des mots mal dits. À ne plus être fatigués et à pouvoir prendre le temps de vous retrouver pour un câlin-serré-voire-plus-si-nain-endormi. Bientôt reviendront ces moments à deux, d'adultes, ces plateaux-sushis livrés et mangés au salon en chuchotant car Nano dort enfin. Ils reviendront vite.

Et surtout...

À vous dire que cette petite chose-là, c'est encore ce que vous avez de plus précieux et que même si vous n'avez pas l'impression d'avoir vécu depuis les six mois qu'il est là, vous ne pourriez plus faire sans lui.

Bientôt l'année tunnel s'achèvera et vous finirez par dire *« ça passe trop vite »*. Même si vous avez la tête dans le guidon au moment où vous lisez ces lignes, même s'il vous arrive de pleurer à chaudes larmes en le suppliant d'arrêter de brailler et *« s'il te plaît est-ce que tu peux juste DORMIR ?? »*, même si vous n'en voyez pas la fin. Même si vous êtes persuadés que vous ne trouverez jamais que ça passe trop vite.

Je vous imagine dans peu de temps entrouvrir sa porte de chambre pour le regarder dormir en vous disant que vous ne vous souvenez plus comment c'était avant lui.

Finalement, nous ne sommes pas si nuls !

On avance petit à petit...

Les mercis de Marie

À toi qui a supporté quatre fois mon humeur de putois agressif. Et qui a laissé patiemment ta main sur mon ventre même quand ça ne faisait pas tap-tap.

À eux, les quatre. Différents, merveilleusement différents. Fatigants, merveilleusement fatigants.

À mes parents. Maintenant je sais.

À ma sœur et à mon frère. Je garderai vos nains.

À Belle-Maman qui a beaucoup d'humour. Là où tellement d'autres en manquent...

À mes amis. Ceux qui sont à portée de clavier, de main, de voix. Merci d'être là.

À mes lecteurs, à mes lectrices. Vos mots, vos rires et votre incroyable soutien. J'ai tellement de chance.

À Valérie et Françoise. Pardon pour le retard et les mots en trop.

À mes sages-femmes, Danielle et Joëlle. Ça n'aurait pas eu la même saveur sans vous.

À tous ceux qui ont vu leur vie changer tandis que je tapais ces mots : Maïté & Sébastien. Aline & Étienne.
Ça y est, vous y êtes.

LES GUIDES DU CHÊNE

DES GUIDES PAS COMME LES AUTRES

Les mamans testent

Marie Perarnau, Chloé Perarnau, Antoine Vanoverschelde

Le kit de (sur)vie pour élever et aimer ses enfants !

My Little Day

Gabriella Toscan du Plantier, Dorothée Monestier, Iris De Moüy

Tout pour organiser l'anniversaire de votre enfant.

EXISTE EN VERSION **ANGLAISE**

EXISTE EN VERSION **NUMÉRIQUE**

Paris à Vélib'

7 itinéraires cyclables pour découvrir Paris autrement.

EXISTE EN VERSION **ANGLAISE**

My Little Paris

My Little Paris, Kanako

Les meilleures adresses secrètes et insolites des Parisiennes !

My Little Lyon

My Little Lyon, Kanako

Un concentré d'adresses inédites et de bons plans signé My Little Lyon.

My Best Address Book

Chloé Bolloré, Laure Baubigeat

Le guide des meilleures adresses chic et branchées à Paris.

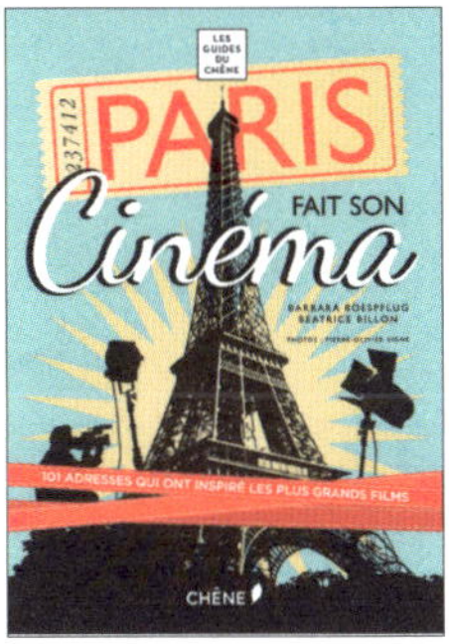

EXISTE EN VERSION **ANGLAISE**

EXISTE EN VERSION **NUMÉRIQUE**

Paris fait son cinéma

Barbara Boespflug, Béatrice Billon, Pierre-Olivier Signe

Le guide des 101 adresses
mythiques qui ont inspiré
les plus grands films.

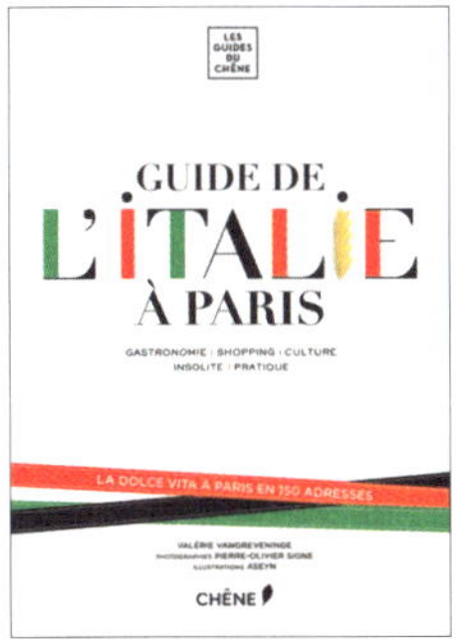

Guide de l'Italie à Paris

Valérie Vangreveninge, Pierre-Olivier Signe

La *dolce vita* à Paris
en 150 adresses.

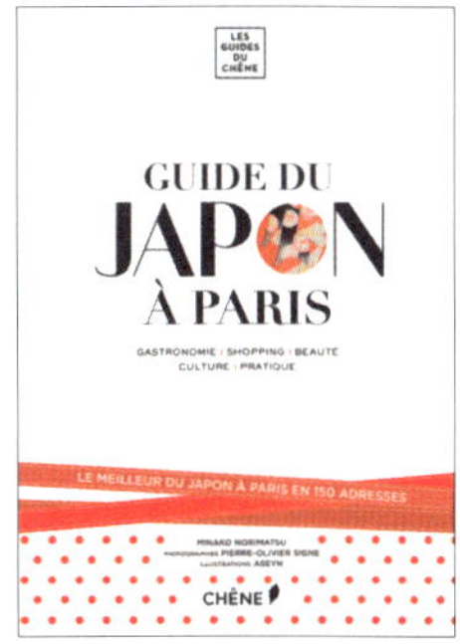

Guide du Japon à Paris

Minako Norimatsu, Pierre-Olivier Signe

Le meilleur du Japon
à Paris en 150 adresses.

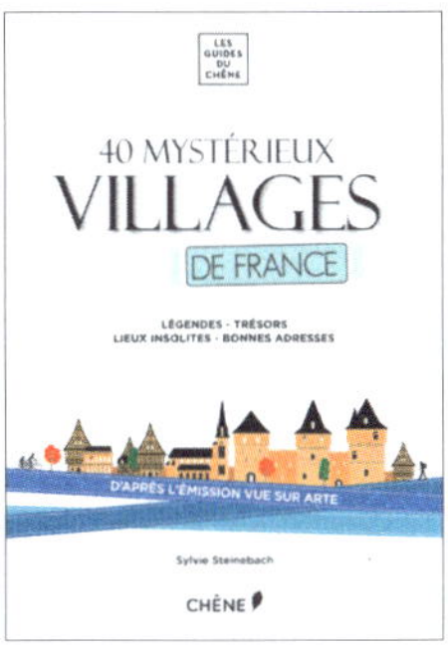

40 mystérieux villages de France

Sylvie Steinebach

Légendes, trésors, cryptes,
reliques. Le guide des villages
les plus surprenants.

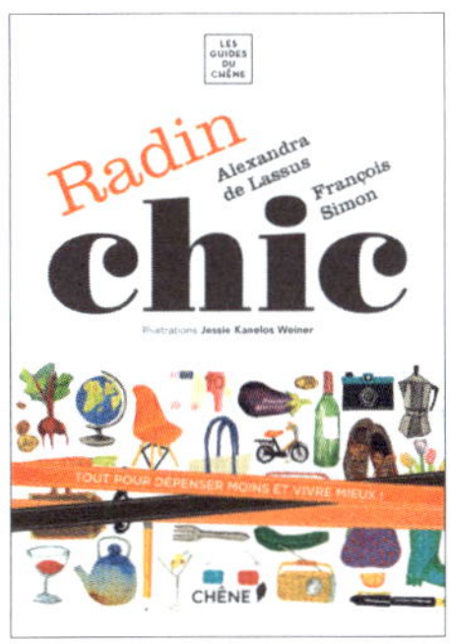

Radin chic

François Simon, Alexandra de Lassus

Découvrez un nouvel art
de vivre par François Simon.

Toutelaculture.com

Bérénice Clerc, Yaël Hirsch, Vaïnui de Castelbajac

Toute la culture à Paris.

Commeuncamion.com

Serge Massignan

Le guide pratique
de la mode masculine.

EXISTE EN VERSION **ANGLAISE**

EXISTE EN VERSION **NUMÉRIQUE**

Paris pour les hommes

Thierry Richard, Aseyn, Juliette Ranck

Le premier *city guide* conçu
pour vous, les hommes...
qui aimez Paris et ses plaisirs.

Paris de tous les plaisirs

Thierry Richard, Aseyn, Juliette Ranck

Le guide d'un Paris voluptueux
où tous les plaisirs sont permi

« Les enfants sont sans passé et c'est tout le mystère de l'innocence magique de leur sourire. »

Milan Kundera, *Le livre du rire et de l'oubli*

Asos, Avent, Babybel, BEABA, Blédina, C&A, Cocoonababy, Comptoir des Cotonniers, Dafalgan, Décathlon, Emoi-Emoi, Game Boy, Gap Maternité, Gémo, H&M, Kiabi, Klorane, La Halle aux Vêtements, MAM, Mamanana, Mark & Spencer, Quiès, Saugella, Séraphine, Sophie la Girafe, Spasfon, Tommy Tippee, Top Shop et Zoli
sont des marques déposées.

www.editionsduchene.fr

Responsable éditoriale : Valérie Tognali
Assistante éditoriale : Françoise Mathay
Directrice artistique : Sabine Houplain
assistée de Claire Mieyeville
Conception graphique et réalisation : Frédérique de Redon
Lecture-correction : Delphine Kopff-Hausser et Claire Fontanieu
Fabrication : Nicole Thiériot-Pichon
Photogravure : Quat'coul
Partenariat et ventes directes : Mathilde Barrois
mbarrois@hachette-livre.fr
Relations presse : Hélène Maurice
hmaurice@hachette-livre.fr

Édité par les Éditions du Chêne
(43 quai de Grenelle, 75905 Paris Cedex 15)
Achevé d'imprimer en décembre 2013
par Estella Gráficas (Ctra Estella Tafalla KM2,
31200 Estella Navarra, Espagne)
Dépôt légal : janvier 2014
ISBN 978-2-81230-940-3
32/3894/6-01